歩きつないで三〇〇里

歩き遍路のひとりごと

山田和夫

文芸社

目次

はじめに

平成二一年（二〇〇九年）の六月ごろであろうか。会社のＯＢ会で、先輩が過去に東南アジアを一ヶ月ほどヒッチハイクし、次の予定もあると話した。この時、一瞬自分もどこかを歩いてみたいという衝動にかられたが、外国を一人で歩く勇気はない。一ヶ月も家を空けることもできない。そこで東海道や中山道また「奥の細道」などを考えた。「奥の細道」は、芭蕉が江戸深川から関東、奥羽、北陸を回って岐阜大垣までの二四〇〇キロメートルに及んだ行程である。一日三〇キロ歩いて八〇日かかる計算だが、これは長すぎる。

四国遍路道は一二〇〇キロメートルというから四〇日程かかるが、二回に分ければ良い。四国遍路を経験した知人が二人いることも後押しをして、遍路に決めた。歩くのは春か秋が良いというから、まず来年の三月にできるだけ歩こう。

これが信仰心の乏しいぼくが遍路を選んだ理由だ。

それから少しずつ準備を始めた。

宗派の違いから般若心経には縁がないが、遍路に出るからにはやるべきことは全うしたい。出発までには十分時間があるので、まず般若心経をマスターすべく、その経本を入手。節回しは分からないまま棒読みで、在宅している時は毎朝読んで心経に慣れることにした。また内容が全く分からないので、解説書を図書館で借りた。それによれば、この世はすべてが無であるという。分かったようで分からない。宗教とはそういうものであろうと深く考えずに只管《ひたすら》読んだ。

秋ごろであったか、知人が遍路の詳しい地図や遍路宿などを記した本があるという。丁度ぼくが俳句教室に通っている建物に全国観光センターがあり、同じ階に徳島県の名古屋出張所がある。そこで詳しい情報を得て、それらの本を購入した。

ぼくのよく会う知人やグループには四国遍路に出ることを積極的にＰＲして、後には引けないという心理的状況を構築しようと心掛けた。

次に服装はどのようにすべきかと思い、知人に尋ねると上の白衣だけでもいいらしい。その他に遍路杖とさんや袋が必携のようだ。遍路そうろうでは嫌だと思っていたから、それならば歓迎だ。

二月に徳島県観光センターで白衣とさんや袋を購入。杖は現地で買うことにした。それと並行して八十八ヶ所のお寺の本や体験書を図書館で借りて読んだ。

出発日を三月初めに決め、帰宅日はいろんな事情で三月二五日とした。ろうそくや線香を用意し、足の裏を保護するために必要というテーピングテープも揃えた。また、観光センターで納札《おさめふだ》を購入。

名古屋から第一番札所の霊山寺《りょうぜんじ》に行くにはJRを利用する人が多いようだが名古屋駅の名鉄バスセンターから徳島行きの直行バスが出ており、途中の「鳴門西」で下車すれば歩いて三〇分ほどであるということが分かった。

〈その一　春〉

一日目　平成二二年三月二日

出発の日は好天に恵まれた。朝七時に名古屋の名鉄バスセンターを出発、十一時過ぎに鳴門西バス停に着いた。乗客は数人いたが降りたのはぼく一人。降りるとすぐに昼食のおにぎりを食べ、白衣を着て輪袈裟《わげさ》をつけ、さんや袋を提げた。霊山寺までの道を尋ねるには遍路の格好をしたほうが良いと思ったからだ。三度ほど尋ねて、やはり三〇分ほどで霊山寺の門前まで来た。門前の店で遍路杖を購入。ズボンはそのままで帽子は野球帽。これで予定した姿は整った。

今しがた到着したバスから降りた上下とも白装束の団体が山門をくぐるところである。寺内にも一団体がいて、かなり混み合っているようだ。ぼくは自宅で覚えた通りに参拝しなければならないと考えた。

第一番 霊山寺

①山門で一礼 ②手を洗い、身を清める ③鐘楼で鐘をつく。本堂へ進み、④ろうそくを一本立てる ⑤線香は三本 ⑥賽銭を入れ ⑦納付箱に納札（参考二）を入れる。⑧般若心経を詠む。次に大師堂に進み ④から⑧を繰り返す。⑨帰りは本堂に向かって山門で一礼。これがそのすべてである。

本堂に進むと、別々の三人が小声で心経を唱えていた。ぼくも彼らの横に立ち、自宅でしていたように棒読みで読んだ。次に大師堂に進むと、先ほどの団体が丁度心経を唱えるところであった。ぼくは団体に和して心経を唱えた。厳かなゆっくりしたリズムであった。少しリズムが分かったような気がした。

山門を出て時計を見ると十二時七分であるから、三〇分弱かかったことになる。思い出してみると、鐘をつくことも帰りに一礼することもすっかり忘れていた。

次は二番札所の極楽寺《ごくらくじ》。距離はわずか一・四キロメートル。先ほど杖を買った店で道順を聞くと、前の道を右に行けばいいという。ほぼ真っ直ぐに国道一二号を右に行くと二〇分ほどで着いた。ここは一番札所に比べれば静か。一団体しかいない。忠実に参拝の順番を思い出しながら実行するので時間がかかる。

次の三番金泉寺《こんせんじ》までは二・六キロメートル。国道の北の道をやはり西へ行くが、変電所の辺りで遍路道の標《しるべ》を失った。通りかかった人に聞けば、あの道を真っ直ぐ行けばよいという。探すと遍路マークは田んぼを指している。畦道に入り、さらに藪の中の道を二〇〇メートル余り行くと金泉寺へ出た。この田んぼの中の道が、昔から続く遍路道なのであろう。四番大日寺《だいにちじ》と五番地蔵寺《じぞうじ》は丁度徳島自動車道を挟んで南北にほぼ対称の位置にある。

出発の三日前に予約した今夜の宿は、地蔵寺前の民宿森本屋である。地蔵寺までの距離は迷わなければあと十一キロメートルであるから、所要時間は三時間弱、お寺の滞在時間を一ヶ寺三〇分とすれば五ヶ寺で二時間半であるから、五時半ごろには宿へ着くという計算である。

地蔵寺へは裏手の五百羅漢のところから入った。最初に山門で一礼という筋書をもう破ってしまった。なかなか指南書通りにはいかない。参拝者はまばら。終わって山門を出るとすぐに予約した森本屋があった。時計を見ると十六時である。予定していたより早く着いた。ぼくは朱印をいただかないことにしている（参考二）から、その分早いはずだ。この時間ならゆっくりできる。しばらくして年配のおかみさんが出てきて、どうぞという。指南書には、宿に着いたらまず外で杖を洗い、杖は床の間か上座と思うところへ置くとある。杖には南無大師遍照金剛とあり同行二人《どうぎょうににん》と記してある。つまり、大師と共に歩くのであり、宿へ着けば、当然ながらまず先に大師にお休みいただくということなのである。杖はどこで洗うのかと聞くと、ぼくの杖をとって洗い、手渡してくれた。通された部屋の上座と思われるところへ杖を立てかけた。客はまだぼく一人のようだ。次に地図を出し、明日の行程を調べた。明日の宿を予約しなければ心配である。十一番札所までは二六・二キロメートル、十二番まではさらに十二・九キロメートルあるから、当然十一番辺りで宿を探すことになる。

ぼくが購入した本はへんろみち保存協力会編の『四国遍路ひとり歩き同行二人』の地図編と解説編である。特に地図編は利用価値が大きい。これは札所、番外霊場、遍路宿がすべて記載され、それぞれの場所より次の札所までの距離、また一つ前の札所からの距離が掲載されており、予定を立てるのにはなくてはならない、遍路必携の書である。十一番藤《ふじ》井寺《いでら》に一番近い宿はふじや本家旅館で藤井寺より〇・一キロメートルとある。予約の電話を入れると、名前と携帯電話の番号を聞いてから、どうぞという。

今日の森本屋の夕食は三人分が用意されており、一人は茨城の筑波から来たというテント持参の四五歳。五番札所へは明日の予定だが、その後の予定は明日にならないと分からないという。呑気というかぼくにはよく分からない。もう一人は食事が終わっても現れなかった。

床の間に据ゑて難路の遍路杖
団体に和して心経春日燦《はるひさん》
下萌の畦道を来て札所寺

（参考一）納札
参拝日、住所、名前、年齢を記入して本堂と大師堂へ納める縦二〇センチメートル横五センチメートルのもの。

（参考二）ぼくは深田久弥の日本百名山、四十七都道府県最高峰、全国の駒ヶ岳など多くの山に登ってきた。山頂を踏んでも、その証明を出す山はほとんどない。しかし、登頂した事実はぼくの胸中に実態としてある。朱印も参拝した証明と考えている。朱印が無くても参拝した事実は、やはりぼくの脳裡に間違いなく蓄積されている。登頂も参拝もそれで良いと考えている。

二日目　三月三日

今朝は二人分だけ食事が用意されているので、早立ちされたのかと思って出発時に聞いてみると、無断で予約を取り消された。このようなことがあるので、子供たちは跡を継ごうとしないのだとおっしゃる。

六時に朝食をいただき、すぐ出発。曇っているが丁度明るくなるころである。今日の日の出は六時二九分。日没は十七時五九分。一時間後に六番札所の安楽寺《あんらくじ》に着いた。早いせいか、まだ集団の遍路はいない。ぼくより先輩と思われる東京から来た遍路は、以前バスで八十八ヶ寺を巡拝したが、その時歩き遍路を格好良く思ったので次回は歩くことに決めていたという。二人で前後して歩いて行くと、後ろから来たバイクのおばさんが、「遍路さん」と呼び止め、前かごから菓子を出し「お接待です」という。お接待のことは聞いていたので有り難くいただき、さんや袋から納札を取り出して渡す。これが儀式のようだ。

「どちらから？」

「名古屋です」

「名古屋ですか。私は終戦末期、東春日井郡の守山村に疎開して繊維関係の仕事をしておりました」

「そうですか。守山は今、名古屋市に合併して守山区になっています」

「遍路さんが名古屋と言えば懐かしいので、いつもそんなことを言います」

「もう六〇年以上前ですね」

「そう。私は八〇歳です。それではお気をつけて」

おばさんと別れて、また東京の人と歩きだす。七番札所の十楽寺《じゅうらくじ》までは一・二キロメートルだからすぐだ。八番札所の熊谷寺《くまだにじ》へは四・二キロメートルでほぼ一時間。ここの十三メートルの仁王門は四国霊場最大とか。東京の人は次第に遅れていく。途中で左足裏に少し違和感を覚えた。マメができないように、足の裏をしっかり固定するテーピングテープを予め貼っておいたほうが良かったかなと思った。テーピングテープは幅五センチメートルと二センチメートルの二種類を持参している。毎日ウオーキングをしているし、毎月山歩きもしているので、足の裏はとりあえず大丈夫ではないかと高を括っていたのがいけない。

山門の前の道路には何本もの八重桜が既に花をつけている。かなり早咲きの品種であろう。

参拝を終え、左の靴を脱いで足裏にテープを貼る。階段を下りようとすると若者が四人駆け上がってきた。上は白衣だが杖は持っていない。写真をお願いしますというので本堂をバックにシャッターを押す。彼らは学生で、車でお寺を回っているという。山門まで下りるとバスが一台、さらに一台が到着するところであった。

田んぼの中にある九番札所法輪寺《ほうりんじ》までは二・四キロメートル。この辺りでは法輪さんと言っている。門前にうどん店があり、参拝を終えるとまだ十時半を過ぎた時間であったが、次にどこに食堂があるか分からないので店に入って腹を満たす。先客があり大声で話している。

十番の切幡寺《きりはたじ》へ着いたのは一一時五〇分。外国人男性の親子らしい上下白装束の歩き遍路に会う。話しかけたいと思ったが、言葉が通じないであろうと考えていると、会釈をして階段を下りて行く。この後もたびたび外国人遍路に出会う。

しばらく歩くと堤防があり、堤防を越えて道があった。吉野川の中洲を歩くのだ。途中、右足裏が痛くなり、テーピングテープを貼る。振り返ると、多くの遍路が堤防を下ってくるのが見えた。すぐにまた左足裏が痛くなり、同じようにテープを貼る。考えてみればまだ二日目だが、今までは連続してこのように長時間歩いたことはない。毎朝のウオーキングでも山登りでも、単発的な歩きである。

遍路の集団はすぐ後ろまで来ていたので、急いで靴を履き歩き始める。途中、欄干のない橋に出た。後方で「沈下橋だ」という声が聞こえた。四万十川に沈下橋があることは聞いていたが、ここもそうなのかと思いながら歩いて行くと、後ろで大声がした。振り返ると左、左と手で合図している。左折せず、間違えて真っ直ぐ行くところであった。親切だ。有り難うと手を上げて答える。

後で知ったが、遍路のバスツアーでは景色の良いところは下車して歩くツアーもあるという。

今回の春の巡拝では四十番観自在寺《かんじざいじ》までの予定だが、もう十一番まで来てしまった。十一番藤井寺は山麓のお寺という感じ。山門には大草履が奉納されている。仁王門をくぐると右手に藤棚がある。参拝して、駐車場の管理人にふじや本家旅館を聞くと、「すぐそこ」と指をさす。境内かと思うほどの近いところである。旅館の前に素晴らしい松があるので宿の人に話しかけると、二〇〇年の松という。祖父が麦を干すのに日陰になるといって一部を伐ったというが、格好が良い。まだ十五時前のせいか静かだ。

与えられた部屋は四畳半の個室。同じような部屋が並んでおり、個室が多いようだ。外で杖を洗い上座と思うところへ立てかける。夕食は夫婦一組を含めて九人だが、全員遍路のようだ。昨日は寂しい夕食であったが、今日は賑やか。全員が少なくとも六〇歳は超えていようか。ビールを飲む人もいたが、ぼくは遍路の間は断酒と決めている。普段はアルコールを欠かしたことはないが、霊山を巡拝するという決意だ。他にもいろいろ決めていることがある。簡単に自己紹介をすることになった。鳥取、神奈川、茨城、東京、静岡、兵庫と日本の各地からの巡礼。

就寝前、改めて両足裏にテープを貼った。左足中指も少し腫れていた。

階《きざはし》を学生遍路駆け上がる

山門へ長き階《きざはし》初桜
追ひかけて教へ呉れたる遍路みち

三日目　三月四日

六時に朝食をいただき、すぐに出発しようと外へ出たところ小雨になっており、雨具のズボンをはく。ザックを背負い、さんや袋を首より提げた。外へ出るとやや雨が強くなり、結局、藤井寺の山門で上も合羽も着て傘をさす。昨夜一緒だった夫婦が会釈して先へ行く。以後、この夫婦とは時々顔を合わせることになる。十二番焼山寺《しょうさんじ》へは山越えをしなければならない、遍路ころがしという難所があるそうだ。藤井寺のすぐ脇から山登りが始まった。山登りにさんや袋を首から提げていては歩きづらいので、さんや袋も輪袈裟もザックの中に入れ、ついでに白衣も脱いでザックに入れて歩きやすくした。ひと登りすると見晴らしの良いところへ出て、茶畑を過ぎた。番外霊場柳水庵で汗を拭い、水をいただく。一本杉の大木の脇の大師像を過ぎるころ、菅笠《すげがさ》の若い外国人らしい遍路が追いついてきたので道を譲る。足を痛めているようだが足早に過ぎ去った。登りがきついという遍路ころがしも難なく過ぎ、八十八ヶ寺では六十六番雲辺寺《うんぺんじ》六十番横峰寺《よこみねじ》に次いで三番目に高い、この山（標高九三八メートル）の八合目辺りにある焼山寺に着くころにはほぼ雨が止んだ。十一時半をやや回っていた。

茶屋でお茶をいただき、うどんの昼食を食べていると、途中出会った菅笠の人が入ってきた。菅笠を脱ぐと先程の印象とは違って剃髪の若い邦人であった。昨夜は藤井寺よりかなり離れた漫画喫茶に泊まったと後ろで話している。茶屋の店員が、十二時までにここへ来れば早いほうだという。この若者はかなりのスピードで歩いていた。二〇代と思われるが、若いのはいい。

そこより下れば梅林。衛門《えもん》三郎（参考）の墓がある杖杉庵《じょうしんあん》の下辺りで軽く滑ってしりもちをついた。そのせいか右足の脹脛《ふくらはぎ》がしばらくつっていた。なべいわ荘への分岐辺りで雨が強くなったので、またさんや袋と脱いだ白衣をザックに入れ、上下に雨具をつけた。傘をさして少し下ったところで、おばあさんから菓子の接待を受ける。納札は要らないという。さらに二〇メートルほど行くと、今度はみかんの接待。やはり納札は結構ですといわれる。しばらく歩いたところで手元に遍路杖がないのに気づいた。白衣を脱ぎ、さんや袋をザックに入れたところまで戻ってみると、そのままの状態で杖があった。十五分ぐらいの経過だから、誰も通っていなかったのであろう。誰か見つけたとしても遍路杖を持ち去る人はまずいない。最初に接待をいただいた家の前に来るとまたおばあさんが出てきた。「先ほどいただきました。杖を忘れたので戻りました」というと、「これからも雨の中をご苦労様」といって手を合わせられる。ぼくにではなく同行の大師にである。それにしても、杖もなく、白衣も着ていないのに続けて接待を受けた。おばあさんたちはいつもこうして通り過ぎる遍路と思《おぼ》しきすべての人に接待をしているのであろうか。

山道へ入り、玉ヶ峠より下った新しい遍路休憩所から今夜の予約をしてある植村旅館へ電話をいれるが、どうも要領を得ない。もう雨は止むことなく大粒になっている。道を聞こうにも民家はなく、少し心細くなったところで民家を見つけた。「旅館はこの先の国道へ出て、右に折れたところ」と言う。どうぞ、お茶でもと言われたが、雨に濡れているのでと丁重に断る。みんな親切だ。国道はすぐ近くかと思ったが、結局それより三〇分も雨の中を歩いた。植村旅館に着いたが誰も現れない。予約した旅館はここに間違いないと思い、合羽を脱いで玄関先の紐に吊るす。右手に回ってみるとおばあさんがいた。話してみるが通じない。耳の前で手を振るので耳が遠いのだと分かって、先ほどかけた電話の納得がいく。すぐ嫁が帰って来るから上がって待っていてくださいと言われる。十五時半だ。雨は降り続いている。

玄関へ出てみると丁度、昨夜ふじや本家旅館に泊まった人に会った。この先のペンションまで行くと言って急いで行く。四キロも先になるから雨中大変だ。

そのうちに、ごめんなさいといっておかみさんが帰ってきた。

部屋は二階で広い一部屋をあてがわれた。かなりの急階段である。

窓の外の川音はこの雨で大きくなっている。十七時ごろ客が来たようだ。食事ですと言われて下りて行くと、昨夜、一緒だった二人がいた。兵庫のKさんと茨城のIさんだ。

春寒の難路を行かな南無大師
急坂へ息とゝのへむ芽吹山

（参考）衛門三郎は遍路の元祖と言われている。ある日、托鉢僧が彼の家の前に立つと、三郎は僧が持っていた鉄鉢を投げ捨てた。その翌日から、三郎の八人の子供が次々死んだ。托鉢僧は大師であった。三郎は大師を追って八十八ヶ寺を歩いたが、二〇回まわっても会えない。二一回目にようやくこの焼山寺で出会って詫びた。その後、三郎はここで息を引き取ったという。

四日目　三月五日

六時、朝食。Kさんは昨日、ほぼ一日中雨の中を歩いたのでひどく疲れ、さらに足裏のマメの状態も良くないから、今日はゆっくり休んでから出発すると言う。Iさんと出発するとすぐ、彼が今日の宿はどうしますかと聞く。春雨旅館と答えると、自分はまだ決めていないから同じ宿にしますといわれるので、電話番号を教える。

Iさんは朱印帳のほか、掛け軸を二本も手にしている。一本は親戚に頼まれたものだが、中には軸を高く売る人もいるから、二本持参しても一本しか朱印を押さない寺もあるとか。県道を歩くので、通勤時間と合致して車が多い。

彼は牧場を経営していたが、息子が跡を継いでくれることになったので時間は十分ある。十六年前に一度歩き遍路をした折、昨夜の旅館に泊まったが、その時中学生の娘がいたという。耳の遠いおばあさんがいたと言うと、あの時世話をしていただいた当時のおかみさ

第十四番 常楽寺 流水岩

んに違いない、会いたかったと懐かしそう。間もなく全国で最後の一県一空港が茨城県に開港するという話などを聞きながら、十三番大日寺《だいにちじ》に着く。参拝者は五、六人で静か。参拝して彼が朱印をもらっている間、ぼくはベンチで左足裏のテープを貼りなおす。朱印帳と掛け軸に時間がかかるから申し訳ないと言われるが、たいした時間がかかるわけでもない。

十三番から十七番の井戸寺までの五ヶ寺は八キロメートルほどの間にある。

十四番常楽寺《じょうらくじ》は境内に風雨に浸食されむき出しになったごつごつした岩があり、当然その上は少し歩きづらい。これを流水岩と美しい名前で呼ぶそうだ。十五番国分寺《こくぶんじ》は八世紀に聖武天皇が国家安泰を願って諸国に建立したもので、この四国にも当然四ヶ寺ある。この国分寺に、大写しにした女性の写真を首から提げている年配の人がいた。聞けば地元の人で、写真は昨年亡くなった奥様。毎日、この近くの五つの寺へ車で参拝に来ているという。

十六番観音寺《かんおんじ》を打ち（参考）終え、瀬戸内寂聴《じゃくちょう》の菩提寺である十七番井戸寺《いどじ》から南へ進む。上鮎喰橋を渡ったところで道が間違いではないかと気づき、二度ほど尋ねる。道は眉山《びざん》の西の道を地蔵院に向かっていた。眉山の北側に十八番恩山寺《おんざんじ》への道があるので、上鮎喰橋を渡るのではなく十七番から東に道をとり、中鮎喰橋を渡りＪＲ徳島線の蔵本《くらもと》駅の近くへ出るべきであった。結局一時間ほどロスしたようだ。

道は佐古《さこ》駅辺りから南へとり、徳島駅近くの繁華街を歩く。途中、道路の反対側の店先にいる中年の女性が、ジャクチョウノイエ、ジャクチョウノイエといって道路の向こう側を指差している。ぼくは何を言っているのか分からなかったが、指をさしている方を見ると、瀬戸内仏壇店と大きく看板が出ていた。そうか、ここが瀬戸内寂聴の実家か、とＩさんと話しながら歩く。先ほど店先で教えてくれた女性は、遍路にいつもこうして教えているのであろう。表札を見ると、この辺りは坂東、美馬姓が多いようだ。

間もなく予約した春雨旅館がコンビニの隣にあった。階段を上った両側の四畳半の部屋へ一人ずつ通された。杖は流しで洗ってティッシュで拭き、テレビの横へ立てかける。洗濯の接待をすると言われるのでお願いし、衣類は石油ストーブで乾かす。両方の足の裏が思わしくない。左は中指の下部にマメ、右はかかとの辺りに異常を感じるがマメはない。持参したはずの針が見当たらないのでおかみさんに借り、マメの水を抜いてしっかりテーピングする。その後、明日の宿に予定していた「金子や」に電話したが、満室であった。さらに一・五キロメートル先の「かえで」に電話すると距離的に無理ではないか、もっと近いところに泊まるべきだと言われる。一度考えてみるといって電話を切り、やむなく十九番の立江寺《たつえじ》に宿坊があるので予約する。しかし、十八番の恩山寺までは九・三キロメートル、そこより十九番の立江寺までは四キロメートルであるからあまりにも早く着きすぎる。「かえで」はさらに十四キロメートル先になるので距離的には問題はない。明日もう一度「かえで」に電話することにする。

春雨旅館の客は我々二人だけである。夕食時、明日の宿のことでIさんからまた話があったがもうその時は心では「かえで」に決めていた。

迷ひては標さがして徒遍路《かち》
山門に戸板いちまい春野菜

（参考）打つ
四国霊場に参拝すること。昔の納札は紙ではなく薄い木片でできていて、それを堂や山門に打ち付けた。何番からでも時計回りに巡拝することを「順打ち」、反対まわりを「逆打ち」という。道標は順打ち用に設置されており、逆打ちだと道標を見失いがちになり迷いやすい。そのため、「逆打ち」は「順打ち」の三回分のご利益があるという。八十八ヶ寺を一回で巡拝することを「通し打ち」。一部を区切る場合は「区切り打ち」「一国打ち」などという。

五日目　三月六日
今日の日の出は六時二分、日没は十八時二五分。
小雨だ。ズボンの上に雨具をつけ、ザックにもカバーをかけ傘をさす。Iさんより早く出る。しばらく県道を南に進み、JR牟岐《むぎ》線を横切って国道五五号線を進むことになるが、途中、道に迷い、コンビニで聞くと店内にいたお客が外へ出て、地べたへ棒切れで地図を描いて教えてくれた。国道を歩いていると、車が停まって、先ほど道を教えてくれた人が降りてきた。

「国道を真っ直ぐ行き、小松島署を過ぎたら右へ曲がるように」と重ねて言う。さらに私は九〇回まわりましたといい、金色の納札を出して見せた。

「九〇回は金色（参考）です」という。ぼくは白い納札である。そのことを言いたくて車を停めたのであろうか。歩きながら考えた。いくら地元の人間でも九〇回とは大変な記録に違いない。まだ中年で、出勤の途中だと言っていたことからみて、歩きではなく車で回ったと考えるのが妥当であろう。

いつからか前を一人の遍路が歩いている。どこから出てきたのか。雨は相変わらず降っている。洋菓子店の前へ来ると、若い女性が出てきて接待の菓子を渡してくれた。そういえば前方の遍路ももらっていたようだ。納札を渡す。小松署を過ぎてすぐの交差点をうっかり左に折れてしまった。気づいて元に戻り右折したが、十分ほどのロス。恩山寺の手前で「かえで」に電話する。もう十八番まで来たのかとびっくりしている様子。立江寺の予約を取り消す。

恩山寺を出発するころからまた雨が激しくなり、さんや袋をザックの中に入れる。

十九番立江寺を参拝して山門まで来ると、Ｉさんが来た。掛け軸二本を持っているから、雨で大変ですと言う。彼は二〇日ごろ帰宅して、用事を済ませてまた出直すらしい。ぼくも二五日には一旦帰宅しなければならない。出直すのは十月か十一月であろう。

Ｉさんとはこれが最後であった。風が出てきたようだ。丁度十一時半ごろ、突然夫婦の遍路が前方に見えたので、あれっと思ったが、近くに遍路休憩所があり、そこから出てきたようだ。丁度昼なので、ぼくもその休憩所で昼食をとる。ここはトイレと水道、その上寝具もあり、宿泊できるようになっている。外に出ると、立てかけておいた傘と杖が二メートルほど風に飛ばされていた。

一時間近く歩くと、徐々に風、雨とも静かになった。公園に桜の大木があり、近づくと「早春の夢桜」と記してある。他に何本も咲いているが、全体としては散り始めている。暖かい四国といっても、染井吉野に似てはいるがやはり種類が違うのであろうと考えていると、公園の前の饅頭屋の店員がどうぞ中へ入ってくださいい、接待させていただきますと大声で呼んでいる。

店主が、雨と風で散り始めたようですと言う。この店内の花はすべて饅頭で作ったものですと言われるので、饅頭とお茶をいただいた後、良く観察してみると本物そっくり。全く見分けがつかない。

この辺りはみかん畑が多い。しばらく行くと雨宿りしている中年の女性が、遍路さんと呼ぶので行ってみると、接待ですと言って三〇〇円渡してくれた。例によって納札を渡す。

昨日満室で断られた「金子や」の近くで年輩の方より、今日はどこまで行きますかと問われたので、「かえで」までと言うと、車で送りましょうと言う。

「いえ、時間が十分ありますし、歩くことに決めておりますので」と丁重に断る。

二十番札所の鶴林寺《かくりんじ》はここから左折し、標高五〇〇メートルの山登りとなる。

途中のクリーニング店で「かえで」の場所を聞く。

「しばらく道なりに行って、橋を渡った向こうです」と言って、

「鶴林寺へはこの前の銀行の脇からも行けます。この間は一時間半で登りました」という。

十四時過ぎに「かえで」に着く。一階は駐車場で二階に通された。階段脇の杖立てに杖が一本あったが、これは以前お客さんが忘れていったもので、ずっとそのままにしてある。何ともしようがない、処分もできないとおっしゃる。

おかみさんは九〇歳で、俳優の森光子と五日違いの生まれだという。話好きだ。宿名の「かえで」は、父が歌人で紅葉といったから。また、宮中歌会始にも四回出たと話す。話はさらに長男のことに及ぶ。長男は客を滝へ案内して写真を撮る時、誤って滝へ落ちて亡くなったと。

客は他に素泊まりの男性遍路が一人と夫婦の観光客。

明日の宿は予定していた二十二番札所平等寺《びょうどうじ》門前の「山茶花《さざんか》」が満室であり、やむなくさらに十一キロメートル先の明山荘を予約。

慇懃《いんぎん》に声をかけられ徒《かち》へんろ

（参考）納札の色は四巡まで白、五～七巡が緑、八～二四巡が赤、二五～四九巡が銀、五〇～九九巡が金、一〇〇巡以上が錦。

六日目　三月七日

また、小雨。気温は一〇度ほどで肌寒い。例の雨降りの装束で男性と六時半過ぎ出発。男性は予約時間が遅かったために素泊まりになったと言う。おかみさんから教えられた通りに橋を渡り返して昨日の道を戻らず、右に行くとすぐに登山口が現れた。同行の男性にどうぞと言われたので、先に登山道に入る。

昔は阿波の難所を示すものとして一に焼山、二にお鶴、三に大龍寺という言葉があったそうだ。次第に雨も止み、上の雨具を脱ぐ。男性はかなり遅れているようだ。七時になって町内の粗大ごみ収集のアナウンスが拡声器から流れ、こだまして反響している。「金子や」からの道と合して二十番鶴林寺へ着いたのは八時前であった。最高地点が五一六メートルであるから山頂と言ってよい。雨はすっかり止んでいるが、合羽のズボンとザックカバーはそのままにしておく。

次の二十一番太龍寺《たいりゅうじ》へは一旦下って那賀川を渡り、また登り返すことになる。平成四年に完成したロープウェイに乗れば十分というが、ぼくは渡し舟以外一切乗り物を使わず、歩きに徹することにしている。本堂はほぼ標高五〇〇メートルのところにあり、那賀川を境にして鶴林寺と対称の位置にある。鶴林寺から二時間。太龍寺は「西の高野」とも言われており、山門からの長い道のりで納経所の前を通ると鐘楼があった。久しぶりに鐘をつく。さらに手水舎を過ぎると、階段を一〇〇段ほどで本堂だ。ぼくはもう参拝の手順にこだわらないことにしている。参拝を終え、山を下って途中の小川のほとりでコンビニのおにぎりを食べていると、ふじや本家旅館で一緒だった例の夫婦が追い越していく。食べ終えてしばらく行くと休憩所があり、その夫婦が食事中。もう少し我慢すれば自分もここで食事ができたのだ。二人の今夜の宿は、次の二十二番平等寺門前の「山茶花」。さらに、私たちは五年ぶりに二回目の歩き遍路ですと付け加える。ここまで夫婦の歩き遍路にはこのカップル以外はお目にかかっていないが、これより先は時々見かけることになる。ぼくは「かえで」に着いた後の十五時過ぎに「山茶花」へ電話して断られているが、夫婦は昼過ぎに電話したという。わずかな時間差で満室になるから、できるだけ早く予約すべきと思う。

国道一九五号を横断すると旧遍路道になり、標高二〇〇メートルの大根《おおね》峠を越す。後は所々竹林の中を過ぎり、平等寺に至る。このころから雨が激しくなった。「山茶花」泊まりなら言うことないのだが、ぼくは激しくなった雨の中を、まだ十一キロメートル先の宿を目指さなければならない。風も出てきた。疲れもひどくなり、地図を取り出して確認するのも億劫だ。鉦打《かねうち》トンネルの脇から宿へ電話すると、まだ五キロメートルはあろうとのこと。結局、明山荘に着いたのは電話してから一時間半後の十六時五〇分。思ったより早かったですねと主人。部屋は八畳の和室。玄関脇に張ったロープに濡れたものをかける。食堂にはＮＨＫで放映中の朝の連続ドラマ『ウェルかめ』の等身大ポスターが貼ってある。夕食は同年輩の男性遍路と二人。その彼が、今日は風が強く帽子を飛ばしてしまった、膝が痛い、野宿も一度した、などと話す。

ぼくは足の裏のテーピングテープを貼りなおして、蒲団に入る。足の裏が脈打っている。足の下に座布団を二枚重ねると、やや楽になった。今夜はひどく喉が渇く。ビールを飲みたいが我慢だ。ここはＪＲ牟岐線の田井ノ浜《たいのはま》駅の近く。通過する列車の音が聞こえる。

薄暗き竹林を来て遍路寺
石ひとつ置きて野梅《やばい》の供へある

七日目　三月八日

朝のテレビが、昨夜は東北・北海道の一部で雪が降ったと伝える。今日のこの地方の気温は五度から一一度で風が強い。六時五〇分出発。曇り空。さんや袋を首より提げて、久しぶりに遍路の装束になる。

投句箱が設置されている「俳句の小径」に入ると、木材の一面を削って平成二一年の俳句の入選句が書かれ、それが何本も立てられている。打ち上げられた白い波がしばらく残る美しい海岸沿いを歩く。恋人岬があり、「白い燈台」というホテルを過ぎる。ここはウミガメ及びその産卵地として有名な日和佐海岸。日和佐うみがめ博物館「カレッタ」の横を通り、そのまま道なりに行って迷う。十五分ほどのロスか。『ウェルかめ』宣伝の幟《のぼり》が何本もはためいており、ポスターも多い。

風で帽子を飛ばされた昨夜同宿の遍路が、今そこで帽子を買ったといって追いついてきた。

二十三番薬王寺《やくおうじ》に近づいてくると、昨夜「山茶花」泊まりの例の夫婦が前方から来た。「もうすぐそこですよ。これからカメを見に行きます」などと言ってすれ違う。これにはたまげたと言っていいが、不思議だ。なぜこんなに速く歩けるのか。既に二〇キロメートル以上歩いているはずだ。

発心の道場、阿波の国最後の札所薬王寺は厄除けの寺として広く知られている。境内には四二段の男厄坂、三三段の女厄坂があり、その先が本堂である。さらに本堂より六一段の還暦厄坂がある。どの階段にも沢山の一円硬貨が置かれている。それぞれの厄の人が置いていくそうだ。また吉川英治の『鳴門秘帖』や司馬遼太郎の『空海の風景』の舞台にもなっているという。高台からの日和佐の町や海の眺めがいい。

六キロメートルほど先の日和佐トンネルを抜けた辺りで、若い男性遍路が抜いていく。この遍路も今日「山茶花」を発ち、今日は番外寺鯖大師《さばだいし》本坊の「鯖大師へんろ会館」に泊まるのだが、距離が長いから途中で連絡するように言われているので、先ほど連絡したと言う。

十三時半、休憩所で小休止。その後間もなく、さぬきうどんの旗がはためくコンビニに入りうどんを食べ、おにぎりを買う。今日はひたすら国道五五号を歩くのみである。予約した「やさか民宿」へ十四時前に着いた。ここは「レストラン屋形船」を経営しており、宿はその裏へ階段で続いている。窓から海を臨む六畳の見晴らしのいい部屋に通された。昨日つぶした足裏のマメが治りきっていない。

客は他に車で来た京都の夫婦。この方は会社を経営しており、暇を見つけては車で回っているという。食事は「レストラン屋形船」で食べる。テレビは列島に寒波が来たと報じている。高松・松山の山間部で雪、高知自動車道など一部通行止め、広島では四〇センチメートルの積雪。

今日から二日先の宿まで予約することにする。

無人にて販《ひさ》ぐ路傍の花樒《はなしきみ》

八日目　三月九日

また雨だ。上下合羽を着て、ザックの中にさんや袋、ザックにカバー。またそんな格好になった。京都の夫婦は、車を一つ向こうの駅に置いて歩いてきたのでこれから戻ると言って、昨日歩いてきた道を引き返していく。

歩き始めれば、もう足の痛みは何とも感じない。色合いのいい海や浜を見下ろしながら歩を進める。九時半ごろ、休憩所に着く。「遍路小屋第一号香峰《こうほう》」とあり、トイレも清掃が行き届いている。ストーブもある立派な小屋だ。多分「第二号香峰」もあろうか。好物のトマトを一ついただく。記帳しようとしてノートを繰ると、三日目に一緒に歩いた茨城のIさんの名前があった。一時間ほど前にここで休憩している。さらに一時間後の休憩所で休む。傍らに置いてある牛乳を飲むが、これは一本一二〇円とあるのでお金を置く。外へ出ると一歩も進めないほどの強風が来た。風が波打っている。

しばらくして眼下に海が眺められるようになると、五艇ほどサーフィンに興じている光景が目に入った。この寒いのにと思う。十二時十分、長さ六三八メートルの水床《みとこ》トンネルを抜けて高知県へ入ると、やや小降りになった。

発心の道場、阿波の国の旅は終わった。これよりは修行の道場、土佐の国だ。

一時間で予約した宿「みちしお」。サーフィンの客が多いと思われる海に近い宿である。杖は入口で洗い、脇に置くようにとある。床の間に置くようにと学習したぼくにはなんだか不満が残る。濡れた合羽を玄関へかけ、二階の六畳間へ通される。毎日歩いていると、今日が何日で何曜日か分からなくなる。

しばらくして何気なく窓から外を見下ろすと、今朝別れた京都の夫婦が丁度、車から降りるところであった。この「みちしお」ではなく、隣のホテルへ入っていく。今日は札所がなく、只管歩いた一日だった。

終日《ひもすがら》遅日の海を横に見て

九日目　三月十日

起床して二階の窓から外を見ると、既に車で来たサーファーが準備を終えて海に向かっている。

今日は三五・六キロメートル歩き通して、室戸岬にある土佐最初の二十四番札所最御崎《ほつみさき》寺《じ》までの予定。三月八日に打った二十三番薬王寺からは七五・四キロメートルの道程。さんや袋はザックに入れる。出発時、久しぶりに太陽を見る。七時前に宿を出て、丁度九時に室戸市に入った。

前方を歩いていた一人の男性遍路が、番外霊場仏海庵へ入っていく。十一時ごろに海岸へ下りる階段に座って、昨日買ったおにぎりを頬張る。九州の百名山を登山中におにぎりの具にあたり、ひどい腹痛を経験したことがあるので、具は昆布か梅干に決めている。昼ごろより曇り空となって時々強風が吹き、時には霰《あられ》も降ってきた。道は国道沿いで、左に海。立岩、ビシャゴ岩と名付けられた岩が続く。海岸遊歩道があり、虚子句碑がある。まだ一キロメートルほどあろうかと考えていると、突然、大師の修行の場であった御厨人窟《みくろど》という洞窟に出た。中に入ると暗く、外を見れば海と空があるばかりだ。ここで教海と名乗っていた僧が空海に改名したと言われている。間もなく右手に旧遍路道が現れた。最御崎寺は標高一六五メートルにある。標高〇メートルの海岸付近より七〇〇メートル程登りが続くが、これまで既に三五キロメートルも歩いて来た身には応える。強風が音を立てている。参拝後、初めての宿坊泊まりになる遍路センターは裏から入る。表から入れば国道五五号を室戸岬より回り込まなければならないので時間がかかる。したがって、室戸岬には寄らずじまい。まだ十五時前であるから、もっと余裕をもって歩けば室戸岬の景観にも触れられたのにと思う。

やはり遍路センターには杖を洗う場所が設《しつら》えてある。部屋は六畳でトイレ付き。掛け軸のかかった横へ杖を立てる。その後で久しぶりに広い湯船に沈む。一人歩きの遍路五人の他に農協の団体が今日の宿泊者。一人は長野の人で、ぼくと同じ日に歩き始め、八十八番を終えて帰る通し打ち。ザックは十キログラム以上あり、半分ほど野宿をしてきた。下旬には冬物をすべて自宅へ送り返す予定などと話す。

夕食後、妻から久しぶりに電話があった。名古屋は寒い日が続いているが、そちらはどうかと言う。南国・土佐も毎日寒いのだ。こちらから電話せねばと思っていた矢先である。遍路センターでは弁当を作らないそうだ。また、明日はコンビニでおにぎりなど買うことになろう。名前の通りコンビニは便利。

たまさかに春霰《しゅんさん》の打つ土佐の浜

十日目　三月十一日

朝、晴れて冷え込んだ。手袋をはめていても冷たい。しばらく好天が続きそうだ。遍路センターの前から室戸岬西の国道五五号へつづら折れの道を下る。だから丁度、室戸岬付近だけを割愛したことになる。わざわざ室戸岬へ立ち寄ることもないので、そのまま二十五番札所津照《しんしょう》寺《じ》に向かって歩を進め、国道の北に沿う遍路道を行く。津照寺までは六・五キロメートル、九時前に着いた。室津港を見下ろす高台にある。標高は丁度最御崎寺と同じほど。室戸岬方面の眺めがよい一角があり、一休みしながら津照寺の手前のコ

第二十五番 津照寺

ンビニで買ったおにぎりを一つ食べる。

　この付近の国道は南へ大きくたわんでいて、その先が行《ぎょう》当《ど》岬《さき》である。ここより国道ではなく、西方への遍路道を下る。次の二十六番金剛頂寺《こんごうちょうじ》へは三・八キロメートル。間もなく国道五五号へ出て、国道沿いの遍路道を歩く。右手には袋がけした枇杷《ビワ》畑が続く。ほとんどが白い袋であるが、中には黄色の袋もあり良い風情を見せている。また、この辺りの民家はウバメガシを門構えにしている家が多く、これも見事だと思う。

　十二時半ごろ国道の休憩所で食事をしていると、神奈川の男性二人連れの遍路が入って来た。区切り打ちで今回は徳島県の途中から歩き始め、今日で三日目という。一人は二回目だが、同行者が是非連れて行ってほしいと言うので、今回に限って二人とか。今までのぼくの少ない経験ではあるが、夫婦は時々見かけるが男性の二人連れに会うのは初めて。歩き遍路はほとんどが単独である。彼らの今日の宿はぼくの予約した宿よりさらに五キロメートル先になるので、まだかなりあると言って早々に出発していく。

レンゲ畑を横切り、中山峠に出る。この峠は国道を歩くより一・二キロメートル短いという旧遍路道だが、標高が一一〇メートルあるので時間的にはあまり違いはなかろう。峠付近で農作業中のかなりの高齢と思われる夫婦が、

「ここからの下りは滑るから気をつけて」と親切に声をかけてくれた。

国道に戻り番外霊場弘法大師御霊跡《ごれいせき》を越えると、逆打ちの遍路が来た。彼は今日既に二〇人以上の遍路と行き交ったという。次のコンビニで、少なくなってきた非常食の菓子などを調達。しばらく行くと、遍路さんお休みくださいと書かれた休憩所があり、休ませていただく。お茶とお菓子のおもてなしである。

今日は朝から郵便局でお金を下ろす予定をしていたが、なかなか郵便局の前を通らない。地図で確認はしているのだが、郵便局は遍路道ではなく国道沿いにあることが多いようでついつい通り過ぎてしまうのだ。たまたま女性が現れたので、地元の方と思い聞くと、隣

町のものだが案内しますと言って郵便局の前まで連れて行っていただいた。わざわざ遠回りをさせて申し訳ないと思う。丁寧にお礼を言う。予約した宿の近くで夫婦の遍路に追いついた。奥さんが足を引きずって遅れ勝ちである。予約した宿を探しているようだ。聞けば、千葉の人で土佐の一国打ちという。

予約した二十三士温泉に着いたのは十六時。変わった名前なので着いたら謂《いわ》れ等を聞くつもりでいたが、入口に看板があり、そのことが書かれていた。（参考）

昼ごろから右足裏が痛むので調べてみると、やはりマメができている。六日前に春雨旅館でいただいた針が紛失しており、フロントで訳を話すと、丁度針を切らしているのでこれから買いに行ってきますと言われ、買われた針をいただくことになった。また、感謝。夕食時、明山荘で一緒だった松本の人とまた一緒になった。強風で帽子を飛ばした方だ。あれ以来、海岸で一回野宿をした、明日は天気がよさそうなので野宿をするつもりで早く発つという。それにしても、下りになるとまだ膝が痛むそうである。テレビが今日の最高気温は一三度。明日は晴、最高気温一五度と予報している。

野宿せる人の話や余寒なほ

第二十七番 神峯寺

（参考）幕末、尊王攘夷派の二三名が、投獄中の土佐勤王党盟主・武市半平太の釈放と藩政改革を要請したが、藩では謀反を企てるものとして却下。二三名は阿波へ逃れたが捕らえられ、奈半利《なはり》川のほとりにて全員斬首された。

十一日目　三月十二日

今日は「真っ縦」と呼ばれ、きつい登りがあるいわゆる遍路ころがしの二十七番 神峯《こうのみね》寺《じ》（参考）を打つ。

宿を出発時、弁当をお接待としていただく。

今日も国道五五号を歩く。国道を左折すると標高四三〇メートルの神峯寺まであと四キロメートルの表示。国道が標高二〇メートルであるから、ほぼ四〇〇メートルの登りとなる。バスなど車で巡拝の遍路は、駐車場のある標高三六〇メートルからの登りで済む。これより山道一三〇〇メートルとあるところまで来ると、既に参拝を済ませて打ち戻る遍路が次々下ってくる。昨日会った神奈川の男性二人、二本杖の学生、あの時々会う夫婦、今日早立ちした同宿の松本の人、そして山門の前では昨日夕方会った千葉の夫婦。この夫婦は「ホテルなはり」へ泊まったそうだ。奥さんが昨日は足が痛くて大変でしたという。

駐車場にはマイクロバスや乗用車が次々と来る。ナンバーは全国各地。車から降りてくる遍路は上下白衣で菅笠を持っている。添乗員は遍路全員から預かった朱印帳の束を手にしている。添乗員の後ろで朱印の順番を待つ歩き遍路は気が急くに違いない。

ぼくは「真っ縦」の急登も知らないままに過ぎた感じで、それほどの急な登りとは思わなかった。今日の体調は万全なのか。

土佐の名水と書かれた水をいただき、参拝を終えてまた国道に戻る。二十七番から次の二十八番大日寺《だいにちじ》までは三七・五キロメートルと長いが、今日宿泊予定の清月旅館まではあと一〇キロメートル弱故ゆっくり歩く。天気もよく春の野辺という感じ。昼過ぎ、重機事務所に遍路休憩所という看板があり、休むことにして中に入ると事務所の一隅が遍路用の休憩所になっている。三人のうちの一人の女性が立ち上がって、どうぞと言う。お茶やコーヒー、それにゼリーなんかも出してくれる。そういえば遍路を始めて十一日目になるが、コーヒーは初めて。道中、喫茶店がないわけではないが、コーヒーを飲む時間が惜しまれて、只管次の寺、今日の宿へと向かってきた感じで全く余裕などなかったのである。

清月旅館は国道沿いにあり、安芸市役所の斜め前にあった。この辺りが安芸市の中心なのであろうが、繁華街というような風情はなく閑散としている。他に客は数名いたが、遍路はぼく一人。部屋は四畳半、床の間がないので杖は上座と思うところへ立て置く。宿の前にあるコンビニで明日のおにぎりと非常食を買う。明後日の宿の予約は一回目ですんなり決まった。「海老庄《えびしょう》」である。

名水へ詰めかへて行く徒遍路《かちへんろ》
一筋の川を置きたり春の野辺

（参考）神峯寺について、『四国遍路ひとり歩き同行二人』の解説編には「この札所に至る遍路道は真っ縦と呼ばれ、勾配四五度が一・三キロ続く急坂で土佐の難所ならぬ関所で知られている」とある。

十二日目　三月十三日

今朝は曇り空。晴れているより曇っているほうが汗をかかなくて歩きやすい。気温は一七度ぐらいの予報。六時過ぎに朝食をいただき六時半出発。間もなく海岸沿いを歩き、最初の遍路休憩所で少し休んで、二時間ほどで琴ヶ浜に出た。この辺りは松林が続き、海水浴場になっている。お龍と君枝の像が並んでいるが、どんな方であろうか。さらに小半時ほどでまた休憩所があり、文旦《ぶんたん》の接待を受ける。主人がすべての種類の納札が納まった一枚の額を見せてくれた。また三十六番の青龍寺《しょうりゅうじ》と三十八番の金剛福寺《こんごうふくじ》は打ち戻ったほうが良いとアドバイスを受ける。主人はこうしていつも遍路の接待をしているのであろう。

今日は土佐カントリークラブで女子ゴルフがあり、海岸の一部を駐車場にしている。そこへ自家用車やバスが次々入って行く。土佐くろしお鉄道「ごめん・なはり線」が国道と並行して走っている。九時半ごろ洋寿荘という老人ホームの脇に休憩所があるが、ここは休まず過ぎる。

　国道沿いの海側をずっと歩いてきたが、コンビニの前で国道を横断し、真っ直ぐ行くうちに道に迷った。小高い月見山の上へ上へと行く道しかないようなので、かなり登ったところで道を聞くと、やはり違う。国道を横断して、そのまま国道を進むべきであった。しかしこの山を下れば正規の道に出会うということなので、そのまま行く。小山を下りてしばらくすると遍路道に出た。二〇分か三〇分のロスであろうか。まだ十一時前だが、道に迷った後は余計に疲労が増すようだ。幸いなことに、その後すぐに遍路休憩所があった。先客が二人いたが、一人はすぐに出発した。一人は本を読んでいる。千葉の人で昭和十年生まれというから先輩になる。白いあごひげを長く伸ばしてまるで仙人のようだ。これから天気が悪くなるので今日はここで寝るという。七年間で五〇回目の遍路だそうだが、計算上不可能ではない。ならば年中歩いているのであろうか。彼の人生を聞いてみたい衝動に駆られる。盛り付けてあったみかんを一ついただく。

　二十八番札所の大日寺《だいにちじ》へは、また迷いながら十二時半ごろ着いた。お腹もすいたのでコンビニのおにぎりを食べる。物部《ものべ》川を渡ると旧遍路道になる。その後中年の女性と一緒になった。大日寺へ行く途中で迷いましたと言う。そういえば先ほど逆方向へ歩いていたよ

第二十八番 大日寺

うだ。姫路の人で息子と一緒に来て、子供は子供、私は私で別行動。高知駅で待ち合わせて帰るという。今回は二十三番から二十九番の区切り打ちで、乗り物を利用できるところは利用している。昨夜は女子プロゴルフのため、宿が取りにくかったと言う。そうか。それで合点がいく。ぼくは遍路道に近い宿から順繰りに電話して五回も六回も断られつづけ、ついに後免《ごめん》駅に近いビジネスホテルになってしまった。だから遍路道とはかなり離れている。今日中に帰宅するという彼女とJR土讃線のガード下で別れる。ビジネスホテルに着いたのはそれでも十五時半。足の具合があまりよくないのでテープを外してみると、左足土踏まず脇と薬指左横にも小さいマメができていた。
もう、杖はすり減って一センチメートルほどは短くなっているだろうか。

仙人のごとや居座る老遍路
庭先へ迷ひ込みたる徒《かち》へんろ

十三日目　三月十四日

アールビジネスホテルで軽い朝食をとり、六時四〇分に予約したタクシーに乗る。タクシーで十分ほどの後免駅で降り、駅前のコンビニで弁当を買う。昨夜のビジネスホテルは遍路道からかなり離れたホテルで、正に想定外であった。そのために、昨日中年の女性と別れた土讃線ガードまでは車で戻ることにしていたが、途中の後免駅で降りて食料を調達した。駅から一キロメートルほどで土讃線をくぐり、昨日の遍路道と合する。「へんろいし饅頭」の前を通り、国分《こくぶ》川を渡れば、田んぼの中の大木に囲まれた二十九番国分寺《こくぶんじ》である。高知は三月十日に桜の開花宣言があり、枝垂桜も染井吉野もちらほら咲きだしている。

第三十一 竹林寺

この寺は苔も美しく「土佐の苔寺」とも呼ばれているとか。酒断地蔵尊《さけだち》があるが酒を絶とうとは思っていない。ただし遍路の間は酒を断つという強い意志を持って実行中である。
九時十分、高知市へ入ると高知駅まで六キロメートルの標識。次の三十番善楽寺《ぜんらくじ》までは六・九キロメートル。三キロほどは旧遍路道を歩き、一時間四〇分で着いた。参拝を終わって南へ歩き、小学校付近で道を見失った。遍路マークを探していると、学校から老若男女の集団が列を成して出てきた。最後尾の女性に道を聞く。
「多分すぐそこのマークを見落としたのでは」と言う。見落としやすい場所に貼ってあるそうだ。そして曰く、

第三十一番 竹林寺 五重塔

「今日はこの地区の年に一度の歩こう会です。一緒に行けば途中から遍路道に出ます。私たちも二〇人ほどの仲間と二年で回る予定で区切り打ちをしており、高知県が終わったので四月には愛媛県を歩く予定」と言い、高知県は遍路マークが少ないのですと言う。土讃線のガードの前で別れ、教えられた道を真っ直ぐ行くと五台山の麓に出た。標高一四五メートルの山頂が三十一番の竹林寺《ちくりんじ》である。

梅の花がびっしり咲いている中を進む。ここは牧野富太郎（参考一）記念館や牧野植物園があり、遊園地になっている。高知県唯一の高さ三一メートル余りの五重塔や宝物館もある。高知市内や土佐湾も眺められ、行楽客も多い。参拝後、食事をとる。気温が上がっており、汗ばむようになったのでシャツを脱ぎ、白衣の下は下着一枚になる。

この寺に「よさこい節」に歌われる坊さん（参考二）がいたという。また、この辺りは浜口雄幸《おさち》（参考三）の名前がよく出てくるが彼の故郷であろう。

三十二番の禅師峰寺《ぜんじぶじ》までは五・七キロメートル。石土池《いしづちいけ》という名の池をまわりこんで登れば禅師峰寺に至る。ここも一〇〇メートルほどの高台にあり，海が広がって土佐湾が一望できる。所々満開間近の桜も眺められた。

そこより県道を歩き、今日の宿「海老庄」へ十五時過ぎに着いた。何度も呼ぶと子供が出てきて、十六時ごろ母が帰ってくるという。そして桂浜が近いから行ってきたらどうかと言うが、ぼくはもうこれ以上歩くつもりはないので、近くのコンビニで食料を調達する。宿は県道の交差点の近くで車が多い。帰ってきたおかみさんが、高知県は桜だけは一番か二番ですと言う。二階の四畳半に通された。今のところ足裏の状況はよさそうだ。今日は歩き遍路に会わないと思っていたところ、夕食時、中年の女性が来た。区切り打ちで三十六番まで行く予定とか。

歩こう会なかに紛れて老遍路

（参考一）牧野富太郎（一八六二〜一九五七）高知県出身。植物学者。小学校を中退し、独学で植物学を研究。主著に『牧野日本植物図鑑』がある。

（参考二）♪　土佐の高知のはりまや橋で　坊さん　かんざし　買うを見た　♪

竹林寺の修行僧慶全は洗濯物を届けに来る娘お馬と恋仲になるが、彼女は次第に僧坊の純信に引かれていく。純信もお馬に好意を持つようになる。そこで慶全はお馬の気を引くために、はりまや橋でかんざしを買いお馬に渡すのだが、これが町中の噂になった。その後、純信はお馬と駆け落ちをする。

（参考三）浜口雄幸（一八七〇〜一九三一）高知県出身。立憲民政党初代総裁として総理大臣となるが、東京駅で右翼に狙撃された。

十四日目　三月十五日

今日は無料の県営フェリー長浜渡船場から五分の対岸に渡り、まず三十三番雪蹊寺《せっけいじ》を巡拝する。曇り空、雨になるのではないかと思われる空模様である。間もなく逆打ちという

第三十三番 雪蹊寺

中年の遍路とすれ違う。

渡船場には二人の客がいた。今はバイクまで利用できる。浦戸大橋が有料の時は車も利用できたというから、そのころは大型のフェリーだったのであろう。現在のフェリーだと、軽自動車で二、三台しか載りそうもない。

対岸に着いてから雪渓寺までは一・五キロメートルほど。フェリーに乗らなければ浦戸大橋を歩くことになるから、三キロメートルほど余分になろうか。寺へ着いたのは七時半過ぎ。既に車で来たと思われる五、六人の参拝者がいた。

このころ雨がポツリときたので傘をさして歩き始めたが、すぐに止んだ。

大師が唐から持ち帰った五穀の種をまいた

第三十四番 種間寺

という三十四番種間寺《たねまじ》へは六・三キロメートル、迷うこともない。バス一台と自家用車が数台駐車してあり、比較的混んでいる。本堂の前まで来ると、年輩の人が若い人に「灯っているろうそくから火をもらってはいかんよ」と注意している。（参考）

参拝を終わって歩き始めると、止んでいた雨がまた降り始めた。次の三十五番清瀧寺《きよたきじ》までの九・八キロメートルは雨の中をひたすら歩く。県道を一時間ばかり歩くと国道五六号に出る。これを左折して仁淀川大橋を渡ると遍路道が二つに分かれた。さらに三本に分かれるが、常に右の道をとれば良い。しかし、街中で遍路マークを見落とした。高知自動車道が眺められる辺りで聞くと、あの山の中腹だと言う。山道に入り、みかん畑を過ぎて急な階段を上りかけると、もう会わないと思っていたあの松本の人が下りてきた。膝の状態はかなり良くなっているようだ。参拝を済ませてから、雨を遮る大木の下で食事をする。帰りは忠実に遍路道をたどると、往路はやはり大回りをしていた。街中まで戻ると男性遍路が軒下で雨宿りをしているので、話しかけると、この近くの宿を予約してあるがまだ早いので休んでいるところですと言う。十三時を少し回ったところである。ぼくの予約した汐浜荘まではまだ二時間以上かかるであろう。しばらくは国道三九号を真っ直ぐ歩く。雨は間もなく大降りになった。

途中、無人の作業小屋のベンチを借りて休憩し、近くの自販機のジュースを飲む。もうぼくは完全に雨の中を一人旅。国道を時たま車が通るだけで、全く人の気配はない。持参の地図に記載されたレストランを目当てに歩いても、既に廃業している店もある。地図は常に現在ではないので、そんなことも多々ある。塚地峠の入口へ来た。ぼくは迷わず右折して旧遍路道へ入り、峠への道をとった。これは失敗であった。峠は標高一九〇メートルで、峠までは急坂、それよりはだらだら下る。下りきったところが工事中のため、右へ道をとる。そのまま行くが、なかなか遍路マークが現れない。両側はピーマンのビニールハウスだが、中に人がいそうもない。やむなく戻って工事人に聞くが、分からないと言う。

そこへ丁度、峠から下りて来た地元の人が、汐浜荘まで案内しましょうとおっしゃる。毎日三時間ほど歩いているそうだ。峠に続く尾根も歩いているし、青龍寺までもウオーキングの範囲だと言う。七三歳というからぼくとあまり変わらない。

雨中宿へ着いたのは十六時。二階に案内された。畳にはビニールシートが敷いてあるので、ザックはその上に下ろす。合羽など濡れたものは、窓の外の軒下へ張ってあるロープへ吊るす。洗濯はお接待させていただくのでこの籠にと言われ、お言葉に甘えることとする。ありがたい。おかみさんが言うには、高齢の夫婦二人住まいだから、今年から遍路さんをお泊めしないことに決めていたが、過去に何回かお泊めした遍路さんの二人から懇願され、近くにいる娘も手伝うと言うから、昨日から一日四人までと決めて再開したとのこと。

夕食はやはり四人であった。北海道の一国打ちの夫婦。それに今日青龍寺より打ち戻りの遍路二回目の静岡のよくしゃべるTさん。三人ともぼくより若いようだ。娘さんが子供を連れて手伝いに来ていた。夫婦は国道をそのまま歩き、トンネルを通って来たと言う。ぼくは馬鹿正直に雨の中を旧遍路道の峠越えをして、道に迷った。トンネルを来れば雨にも濡れず、疲れも少ない。Tさんはここへ着くのが遅くなり、心配したおかみさんから電話をいただいたと恐縮している。彼は明日、途中まで巡航船を利用すると言う。弁当をお願いするが、弁当は作らないことに決めているので、もしよければ自分で作るようにとご飯など提供していただいたので、それぞれ自分でおにぎりを拵《こしら》えた。

渡船場の客はふたりや春の雨

（参考）遍路のしきたりはいろいろあるようだ。ろうそくや線香に火を灯す時、既に灯されているろうそくや線香から火をもらうことは、その人の「業」までもらうことになるから厳禁という（これは一般的に言えることか）。また、輪袈裟を付けたままトイレに入らない。入口に輪袈裟掛けが設置されている。後述「（その二）秋」（九十頁　参考五）の橋の上で杖を突かないなどいろいろある。

十五日目　三月十六日

今日の気温は一一度から一七度の予報。今後一週間の天気は良さそうだ。雨は夜中に止

第三十六番 青龍寺

んでいる。三十六番青龍寺より三十七番の岩本寺へ行くには浦ノ内湾の北側と南側に道がある。先日土佐の海岸の休憩所で、三十六番と三十八番は打ち戻るべしと言われたところだ。南側は横浪スカイラインがあり、そこを歩く。標高は一〇〇メートル以上あるので眺めはよさそうだが、上り下りが多いという。北側は国道二三号に沿って歩く。打ち戻る距離があるので距離から言えば当然国道沿いの方が長いが、ぼくは打ち戻ることにして、ザックを宿に置いたまま六時半に出発。冬型の気圧配置で風が強い。長い宇佐大橋を渡る時はもろに強風を受けた。橋を渡ると右に旧遍路道があり、「時間と体力があればどうぞ」と但し書きがあるが、御免蒙る。そのまま進むと右手のホテルのガラス越しに、白衣の遍路が並んで朝食中である。駐車場には大型バスが二台。バスツアーの皆さんだ。

開花してまだ程ないと思われる桜が強風で海に散り、やしの木へ散っている。四〇分ほどで寺へ着くと、仁王門から一七〇段という急な石段が続く。途中、三重塔を過ぎる。参拝を済ませて山門まで戻ると、同宿だった北海道の夫婦が丁度着いたところである。彼らも打ち戻るという。

汐浜荘へ戻ると、おかみさんにどうぞどうぞと勧められて、お茶をいただく。その時、巡航船で出発予定だったTさんが貴重品の小物入れを宿に忘れたまま出かけ、途中で戻ってきて次の巡航船で出かけたと話す。玄関で写真を撮って別れ、しばらくして振り返ると、おかみさんと娘さんが手を振っている。ぼくも負けじと手を振り帽子を振る。結局、見えなくなるまで見送っていただいたのだ。感激極まりない。次の遍路休憩所でさんや袋をザックに入れる。三十六番と三十七番の札所の距離は六〇キロメートルほどあり、今日はもう札所はない。次の休憩所へ着くと、Tさんが先客であった。忘れ物で一時間ロスしたと苦笑している。笊に盛られたお接待のみかんを一ついただく。その後、Tさんと先になり後になりして歩く。この辺りは遍路休憩所が多く次の休憩所で十一時となったので、昨夜自分で握ったおにぎりを一つ食べる。さらに一時間ほど歩くと、またTさんが休んでいる。北海道の夫婦も来た。前々夜Tさんと一緒だったという尺八持参の愛知のSさんも来た。先ほどから前後して歩いていた学生らしき人も来た。Tさんが話しかけると、大阪の十八歳の浪人生で、土佐一国打ちを思い立ったのだという。

住友大阪セメント工場付近の海岸は潮干狩りの人で賑わっている。後で宿に着いてからこの話になった時、この辺りでは青龍寺付近が一番多くとれるとか。

国道五六号へ出て、JR土佐新荘《とさしんじょう》駅を過ぎると、間もなく予約した民宿ひかりに着いた。既に女性遍路がいて、外で宿の住人と話し込んでいる。ぼくは時間も早いし天気も良いので、洗濯機を廻して物干竿に干す。その後、男性遍路が相次いで二人着いたが、一人は足を引きずっている。夕食間際に尺八のSさんも来た。

玻璃《はり》越しに会釈されをり老遍路
浅蜊《あさり》掻く五尺四方にとどまりて

十六日目　三月十七日

翌朝、昨日外で宿の主人と話し込んでいた女性遍路は、二月末に一番札所をスタートしたが昨夜は歯痛がひどくほとんど眠れなかったから横浜へ帰るという。また、男性の一人は足裏のマメが悪化して今日は歩けそうもないと言い、宿の主人に車で駅まで送っていただき広島へ帰るという。

宿を出発する時、トンネルなどで使うようにと主人から蛍光たすきを接待としていただく。ヘッドランプは持参しているがこれがあればなおいい。朝の気温は五度ほどで冷ややか、最高は一五度の予報。晴天だ。手袋を探すが見当たらない。どこかで紛失したようだ。同郷のSさんから今日は三十七番岩本寺《いわもとじ》の宿坊に泊まると聞いた時、仕舞ったと思った。ぼくが予約してあるのは岩本寺よりわずか五〇〇メートルほど離れた旅館である。宿坊を優先すべきと常々思っているが良く調べなかったのがいけない。

今日は三二キロメートルをひたすら歩くことになるので、またザックにさんや袋を入れ、ジャンパーを着る。一時間余りで、長さ九六六メートルの焼坂《やけざか》トンネル。宿でいただいた蛍光たすきをザックにつけ、ヘッドランプを点灯して歩く。旧遍路道は標高二二八メートルの峠を越えるので、トンネルを行けばかなりの近道になろう。トンネルを出ると中土佐町。歩くうちに右肩が痛くなったが、気のせいだろうかと思う。しばらく国道五六号をJR土讃線に沿って歩く。久礼《くれ》辺りで左の遍路道へ入るとすぐに「ちっくとやすんでいかんかよ」と書かれた休憩所があった。既に一時間四〇分も歩いており、休むことにする。でこぽんと文旦が盛られており、文旦を一ついただく。備え付けのノートに感謝の気持ちを記す。さらに一時間半ほど歩き、川沿いに一キロメートルほど行くと山道になり、標高二八七メートルの七子《ななこ》峠を越す。やがてまた国道に戻り、次の休憩所で昨日宿の前の弁当屋で買った握り飯を食べる。机上に納札が束にして置いてあるので、自分も納札をその上へ足しておく。

昼を過ぎたころコンビニで食料を調達すると、ペットボトルのお茶を「お接待です」と言っていただく。名古屋には進出していないコンビニで、客のすべての遍路にペットボトルの接待をするのであろうか。間もなく一国打ちのあの十八歳の浪人に追いつくが、彼は携帯電話で話しながら歩いている。Tさんと一緒に、ぼくより一つ先の宿に泊まったのであろうか。

岩本寺のあるこの町は、標高三〇〇メートルを超す台地にある。十三時半ごろまるか旅館に着き、荷物を置いて岩本寺へ行く。団体がいなくて静かだ。本堂の格天井《ごうてんじょう》は、願い

第三十七番 岩本寺

を込めて描かれたであろう多くの絵で埋められている。Sさんはこの宿坊に泊まるといっていたが、もう着いたであろうか。
今日の宿は車遍路の夫婦と家族連れを含めて六人。車遍路の夫婦から、今日は何日目かと聞かれたが、とっさには答えられない。十六日間も歩き詰めなのだ。彼らは三十八番を終えると帰宅して、来月また出直すと言う。

文旦のたわわや土佐の休憩所
一本のさくらはみ出す雑木林
をちこちに花置く山を見て飽かず

十七日目　三月十八日

　まるか旅館を出発すると冷ややかな感じ。今日終日歩いても、三十八番の金剛福寺《こんごうふくじ》には行きつけない。また、さんや袋と白衣をザックに入れ、ジャンパーを着る。国道五六号を歩き、標高二九〇メートルの「峰の上」辺りで左折する。国道を真っ直ぐ行くと峠越えにかなりの時間を要するので、ここは旧遍路道を歩く。ごみ焼却所の前を通る時、「ごくろうさま」と所員が声をかけてくれた。再び国道へ出る辺りで、往復十分ほど道に迷った。遍路マークが見当らず、右手の段畑のほうへ行ってしまったのである。国道に戻ってしばらく遍路マークを探しながら歩いた後、休憩所で休んでいると二人の遍路が通りかかったので、彼らの後を追う。間もなく下方に土佐くろしお鉄道と並行して遍路道があるのが分かった。四キロメートルほどで国道に合流し土佐佐賀《とささが》駅でまた旧道が分岐する。旧道に入ると、今度は尺八氏が追いついてきた。この人も二回目の遍路だといい、たしかこの駅の近くに食堂があったはずと言って道を外れ、右手に行く。ぼくはすぐ先の国道に合したところの休憩所でおにぎりを食べて彼を待っていたが、なかなか現れないので先を急ぐ。尺八氏とはそのまましばらく会えない。

　左手に鯨が来るという絶景の海を見ながら三時間近く歩くと、予約した民宿日の出に着いた。まだ誰も到着していないようだ。留守番のおばあさんに海が見える二階へ案内してもらう。

のりのしっかり効いた浴衣に着替えて風呂に入る。昨日から膝が心配だ。右肩、右腰も痛い。ゆっくりと一番風呂につかっていると次の遍路が来た。もう足裏のマメの心配はなくなったが、テーピングテープだけはしっかり貼る。そういえば途中、道の反対側で靴を脱いで足を投げ出していた遍路がいたが、マメの痛みで歩けなくなったのであろうかと思う。今夜の客は顔なじみのT氏、北海道の夫婦。それに一人歩きの男性。

春潮や崖に寄りそふ行者道
もりあがり盛り上がりして山笑ふ

十八日目　三月十九日

このところ、気温は平年より低い日が続いている。今朝も昨日より低いようだ。今日も一日歩いても三十八番札所には届かない。三十七番と三十八番の距離は八〇キロメートルを超え、四国遍路の札所間最長である。昨日と同じスタイルで出発。道は国道五六号からすぐに旧遍路道となり、海辺の松林の中を四キロメートルほど歩く。脇にはらっきょう畑が続く。気持ちのよい天気のせいか、体の調子がよい。膝も何ともない。県道四二号に移り、八時過ぎに下田の渡しへの分岐に出る。下田の渡しは四万十川を渡るもので、一時休止しているようだ。「平成二一年四月再開　五〇〇円」とある。ぼくは当初よりこの渡しを利用するつもりはなく、四万十大橋を歩く予定であった。

九時半、四万十大橋袂の休憩所で休む。橋は一キロメートルほどあり、中ほどに二箇所ベンチが置いてある。川の色は蒼く清らか。乱舞する蛍のごとく、光を放っている。橋を渡ると急に道が狭くなり、どこかで遍路マークを見落としたかと思い、丁度通りかかった中年の女性に聞くと、

「ご苦労様です。この道を真っ直ぐ行けばよろしい」と親切だ。

汗ばんできてジャンパーを脱いでいると、逆打ちの遍路とすれ違う。目当てにしたトンネルがなかなか現れないので、また心配になり、門先で耕運機の手入れをしている年輩の方に聞く。

「トンネルは一キロ先だ、大岐《おおき》まで行くんか」とこの人も親切。

一六〇〇メートルの新伊豆田トンネルを抜けると四万十市から土佐清水市に移る。トンネルを出たところで休んでいると、あの北海道の夫婦が来て、真念庵（参考）に寄るかどうか相談している。夫婦の宿はぼくよりかなり手前なので、十分時間があるようだ。相談の結果、寄ることにしたと言う。正午ごろ、水車のあるドライブインの脇の休憩所で、民宿日の出のお接待の弁当をいただく。ドライブ中の夫婦も休んでいる。岡山から来て、二泊三日で気ままにドライブしているとか。

下ノ加江川《しものかえ》を渡ると、また海沿いの道になる。所々ここも絶景の浜が左手に続く。コンビニで食料を調達してしばらく行くと、たこ焼き屋の隣の遍路休憩所が眼に入ったので休んでいると、そのたこ焼き屋のおかみさんが「接待です」と言って、お茶とお餅を持ってきた。うれしい。四国では遍路は特別なのであろうかと、また思う。サツマイモの味がするおいしい餅である。間もなく「一心庵お遍路案内所」で、三十八番からの打ち戻りのことで尋ねようとしたが、留守である。海岸では岩のりをとっている人が四人ほど。

民宿岡田に着いたのはほぼ十五時。おかみさんが、二階のどの部屋でもいいから使ってくださいと言う。客が少ないのだろうか。まだ誰も到着していない。結局、客はぼく一人である。おかみさんは大岐の民宿の先駆けで、昔は車遍路が多くて毎日のように二〇人もの客があったそうだが、今は宿が多くなり、遍路さんが来ない日もあるという。洗濯の接待をすると言われるので、お願いする。今日は国道沿いの道が多く、山間部の峠越えもなく比較的楽な行程であった。

早発ち追ひて浜辺を徒《かち》へんろ
黒潮の浜は黒砂暖かし
真澄なる海に影置く山桜

（参考）真念
江戸時代に僧真念が、二〇巡以上の四国遍路の体験から遍路のガイドブックとして『四国遍路道指南《しるべ》』を刊行。大衆化に貢献した。

十九日目　三月二〇日
今日は三日ぶりに札所に見《まみ》える。三十八番金剛福寺まで十六キロメートル。宿は岡田で連泊することにして、打ち戻るから往復三二キロメートルの歩行。いつか浜辺の休憩所で三十六番と三十八番は打ち戻るべしと言われたが、やはりまたそんな流れになった。要《い》るものは札所へ着いてから出せばいいから、また昨日と同じ格好で出発する。不要なものは宿に置く。しばらくして国道三二一号から旧遍路道の分岐で、道に出ていた人が丁寧に道順を教えてくれるが、かなり先まで言うので記憶に残らない。海岸を少し歩いて県道に出るとすぐ、今度は以布里《いぶり》遍路道とある急な下りがあり、ロープが張ってある。あとは県道二七号を真っ直ぐに行けばいい。間もなく打ち戻りらしき青年が来たので聞くと、金剛福寺の宿坊泊まりだと言う。

八時四〇分、休憩所「てまり」があるが、休まず歩く。その後、中年夫婦、外国人夫婦、他にも三々五々一人歩きの男性が打ち戻ってくる。打ち戻りをしなければ道は他に二本ある。一本は県道二七号をそのまま進んで半島の中央部から県道へ戻る道。もう一本は半島の西海岸沿いに歩く道であるが、どうも打ち戻る人が多いようである。十時前、薪ストーブがある休憩所で休む。笊に盛ってあるみかんを一ついただく。シュラフ持参なら、ここも一人寝ることができるほどの広さ。そこから一時間ほどで目指す寺であるが、その間にも時々打ち戻りの遍路に会う。金剛福寺は四国霊場最南端の足摺岬にある。突端の断崖に

第三十八番 金剛福寺

白亜の灯台があり、土佐湾を隔てて室戸岬に対峙する。

参拝後、足摺岬に戻り、中浜万次郎の銅像の前を通り過ぎ、灯台の近くで弁当を食べる。風が非常に強く、人はまばら。打ち戻りの出発をして三〇分もすると、五人目に尺八氏が来た。今日は金剛福寺の宿坊泊まりだそうであるが、この方はいったい何処で尺八を吹いているのであろうか。明日は西海岸を歩くという。この方も二回目の遍路だから、ゆとりをもって歩いているように思える。さらに三〇分ほどして、T氏が来た。尺八氏のことは知らないようだ。彼も打ち戻って、昨日の宿へ連泊するという。往路に立ち寄った休憩所に寄ると、小屋主は先客と話し中であったが、話しながら伊予柑を渡してくれた。

宿に戻ると客は二人増えていた。夕食の時、中年の福岡の女性は、週末を利用して区切り打ちを続けていると話す。今回は長い休暇をとったので、三十八番へ参拝後、西回りで三十九番札所へ参拝。その後観光しながら二五日には宇和島から直通バスで帰る予定とか。ゆっくりした行程だ。

食後、餅と言って出されたのを食すると、昨日たこ焼き屋のお接待でいただいた餅と一緒で芋の味がした。部屋に戻ると、外は風がうなっている。風の合間にカエルの合唱が聞こえた。

土佐訛り分からずにゐる遍路宿
正装の異国の遍路山笑う
顔《かんばせ》を覆ひてをんな遍路かな

二〇日目　三月二一日

六時半朝食。男性が現れないので、聞けば既に出発したという。女性と一緒に宿を出るが、北と南に別れる。ぼくはドライブインの水車小屋まで戻り、そこから県道四六号に入る。大岐の浜では五人ほどが波乗りをしている。今日は霾《よな》ぐもりだ。昨日の風が大陸から黄砂をもたらしたようで、どんよりとして太陽が丸く赤い。

三〇分ほどの間に三十八番札所に向かう何人かの遍路に会った。県道二一号も遍路道であるが、ぼくは三キロメートルほど足を延ばして、ドライブインまで戻る。十一時ごろ、遍路休憩所で宿の接待の弁当を食べる。ドライブインから先は時々車とは行き交うが、ほとんど人に会わない。また一人旅になる。真念石を過ぎると休憩所があったが、休まずに行く。十三時ごろ宮ノ川トンネルを抜け、それより三〇分ほどで今日の宿清水川荘に着いた。間伐材の山小屋風。呼んでも応答がない。そのうちにかなり年配のおばあさんが出てきて、一番奥の右手の部屋へ案内してくれた。真ん中に通路があり、客室は両側に三部屋ずつある。やはり今日も一番の到着らしい。二番目の客は男性。次は女性だ。その後男性が来た。食事はいつも全員が顔を合わせるが、二番目に来た兵庫県の六七歳は大声でしゃべってよく笑う。昨日は「みかんの家」に泊まったというから西回りだ。曰く、

第三十九番 延光寺

「四万十川は橋を渡らず渡しを利用しようと乗り場まで行ったが、まだ欠航中であったので電話で交渉したところ、橋の向こう側まで車で送ってくれた」と言う。「接待だった」と言ってまた笑う。四万十川付近では所々でこの宿の宣伝をしており、今日の男性二人は共に、その看板を見てここに決めたそうである。

ここはNPO法人「いきいきみはら会」の経営で、大阪でサラリーマン生活を終えた主人が地元の三原へ戻ってきて始めたといい、ぼくと同年輩。奥様はこの田舎へは戻らず、大阪に残っているそうだ。森林資源の有効活用で五年ほど前に建てたというからまだ新しく、そんな宣伝も必要なのだろう。

主人はＮＰＯの関係でたまに上京することがあるが、そんな時は他の夫婦がこの宿の世話をしてくれる。さらに地域の高齢者の一人をこの清水川荘で世話をすることにもなっており、現在は高齢の女性が居住しているというから、最初にぼくを案内してくれたあの女性だろう。十五時ごろ女性の甥が来て、墓参りに連れて行ったという。また、管直人元総理が西回りで、八〇〇メートルの山を越えて来たと話す。詳しく聞こうとしたが、電話が鳴って機会を失した。今日の他の三人は共に区切り打ち。

月の如《ごと》太陽現《あ》るる霾《よな》ぐもり

二一日目　三月二二日

六時朝食。最後に来た滋賀県の男性は、今日帰宅するがバスの時間が分からないといって、早朝に出発した。

土佐最後の三十九番延光寺《えんこうじ》までは九キロメートル余り。県道二一号を真っ直ぐ歩いて四〇分で宿毛《すくも》に入る。さらに道なりに行って国道五六号にぶつかり、土佐くろしお鉄道の平田駅を左折。その後、間もなく旧道に入って三十九番札所に至る。参拝客は三々五々で静か。打ち終わってさんや袋をザックに入れる。今日の札所はこれで終わりである。そして修行の道、土佐十六ヶ寺の巡拝は終わった。札所間が長く、只管歩いた道場であった。正に修行の道場である。

途中、メダカが群れている小川に沿って歩く。松田川の手前で西回りの男性の遍路を追い越す。菜の花の咲きほこる堤防に若い男女が腰を下ろしているが、白衣を着ているので遍路であろう。

左手の山は桜が満開である。その後、川を渡った遍路休憩所で休み、国道五六号を進むと宿毛駅の辺りから旧遍路道に移る。コンビニで食料の買い物をして出てくると、おばさんに松尾峠を越えますかと聞かれた。今日の宿へ行くには国道をそのまま行くか、標高三〇〇メートルの松尾峠を越えるかである。多分国道経由のほうが楽であろうと思いながら、峠越えですと答える。

旧遍路道に入って間もなく、おばあさんから一〇〇〇円の接待を受ける。ザックを下ろし、さんや袋を取り出して納札を渡す。

「名古屋には知り合いがいます」とおっしゃる。

貝塚という地名のところから山地に入る。上り下りを繰り返すと、松尾峠入口に「峠まで三〇〇〇メートル」の標識が現れた。その後、汗ばんできたのでシャツを一枚脱ぎ、下にレンゲソウが広がる田んぼを眺めながらおにぎりを食べる。犬を連れた若い女性が会釈をして通り過ぎる。丁度十三時に伊予土佐国境街道の松尾峠に着き、休んでいると中年の夫婦が展望台へ行ってきたという。少し離れたところに展望台があるらしい。先ほど犬を連れていた女性も来た。東京から友達のところへ遊びに来たが、友達に用事ができたので、友達の犬を連れて来たという。この犬は、友達のお父さんと八十八ヶ所を回ったと話す。そのうちに大きなザックを担いだ体格のいい遍路が登ってきた。北海道の六八歳というからぼくより若い。五五歳の時、六〇歳の定年になったら四国霊場を回る予定を立てていたが、定年が延びて今になったという。三月五日から歩き始め、ほとんどテントを設営して野宿ですごし、ライトを点けて四時から歩いたこともあり、さらにコンビニも食堂にも出会わず、水だけで一日歩いたこともあるというからすごい、超人的だ。ぼくのザックの倍の十四キログラムもあるというのに、道程もぼくのペースよりかなり速い。登山が趣味というから、これはぼくと同じである。ここまでかなり無理して歩いてきたが、修行の土佐を抜け、間もなく菩提の伊予に入るので、これからはゆっくり観光を楽しみながら歩こうと思っているとか。
山を下りて三〇分ほどで、予約をした大盛屋に着いた。主人は隣で自動車整備工場を営んでいる。今日の宿は他に二人。

青空につかへてゐたる山桜
蛇行せる川もさくらも風のなか

二二日目　三月二三日
今日は伊予最初の札所四十番観自在寺《かんじざいじ》に参拝する。二五日には帰宅しなければならないので、明日、松山市駅より夜行バスに乗る予定である。
六時過ぎに外へ出てみると歩道が濡れている。小雨だ。雨のいつもの装束にて出発。今日の歩行距離は二〇キロメートル、明日が三〇キロメートル。半分の二五キロメートルの地点に宿があればいいのだが、思うようにはならない。宿から少し歩いて国道へ出る。緩やかな下りの道がずっと続いている。今日も一人旅。途中、県境を越えて愛媛県に入る。

第四十番 観自在寺

いよいよ菩提の伊予だ。

途中、コンビニで弁当を買う。四キロメートルほどで右に折れ、道なりに行くが、観自在寺へ折れる道を見落とし、通り過ぎて戻る。ここは一番札所霊山寺から最も遠い位置にあり、四国霊場の裏関門と言われている。今日は小雨ながら、春遍路最後の寺でもあり、また二〇キロメートルの行程でもあり、ゆっくりできる。お寺の軒下でまず白衣を着て、さんや袋を出す。そしておもむろに鐘をつき、一通りの参拝の儀式を終えた。その後、境内の隅にある平城《へいじょう》天皇のお手植えと伝わる天皇之松、芭蕉句碑を見る。

春の夜や籠人ゆかし堂のすみ　　芭蕉

雨宿りをしながらベンチで休んでいると、マイクロバスやタクシーの遍路が次々来た。雨は止みそうもないので、再び白衣とさんや袋をザックに入れて出発する。

一時間もすると雨脚が強くなった。この国道には休憩所がないので食事する場所がない。十一時を過ぎ、やや空腹感が出てきたので、宇和島行きの「八百坂《はっぴゃくざか》」バス停で、雨宿りをしながら食事をする。その後、国道が海へ抜けると室手ビーチ。雨が降っていなければ素晴らしい海岸であろう。丁度十三時に予約してあるかめや旅館に着いた。愛南町役場内海支所の近くである。濡れたものは玄関の土間の通路にかける。早く着いたにもかかわらず、早速風呂を沸かしていただいた。

夕方になると雨があがった。夕食は遍路のみ四人。一人は五島列島出身の愛媛県西条市の男性。この遍路は今日松尾峠を越えてきたという。ぼくより若干若いようだ。他は夫婦で、春秋の区切り打ち五回目でここまで来たそうだ。

二三日目　三月二四日

雨は昨夜一旦止んでいたようだが、また朝から雨だ。今日一日降り続くかもしれない。いったいこの春の遍路で、何日雨の中を歩いたであろうか。宇和島駅まで、雨中を三〇キロメートルも歩き続けなければならない。

第四十番 観自在寺 芭蕉句碑

旧遍路道は標高五〇〇メートル近くの峠越えがあるので、国道五六号をたどることにする。距離的には当然長くなるが、雨中を峠越えするより国道を行くべきと考えた。国道ならトンネルもあるし、無理をすることもなかろう。しかし、スピードを出して通り過ぎる車には十分注意を要する。

宿を出てすぐに長さ九一五メートルのトンネルに入る。抜けて須の川海岸を歩く。七時半に鳥越隧道を出て宇和島に入った。休憩所がないので、今日もバス停で休みをとりながら歩を進める。長い松尾トンネルを抜けたところに食堂があり、久しぶりに食堂で昼食をとる。丁度正午だ。

宇和島駅が近づいてくると、脇に車が停まった。助手席の白衣の中年の女性が、社長からの接待ですといって窓から菓子の包みを渡してくれた。見れば、運転手の社長らしき人が笑顔で会釈した。後席にも白衣の女性が二人。車で霊場回りをしているのだ。ありがとう。

遍路より接待受くる徒《かち》へんろ

宇和島駅から次の四十一番札所龍光寺《りゅうこうじ》は十キロメートルほどである。秋の出発点になる。さらに四十二番仏木寺《ぶつもくじ》へは三キロメートル弱である。

宇和島駅で十五時十九分発の松山行きに乗る。十八時三〇分に松山駅に着き、また徒歩で雨中を三〇分ほどかけて松山市駅へ移動。

その後、二十三時三〇分発の名古屋行き夜行バスに乗り、翌朝六時三〇分に帰名した。

〈その二　秋〉

今春に続き伊予愛媛の菩提の道場を巡拝する。
九月三〇日、名古屋駅の名鉄バスセンターを愛媛県八幡浜《やわたはま》に向けて二十三時十分出発。

一日目　十月一日
八幡浜へ八時三五分着。ＪＲ八幡浜駅を八時五九分発に乗車、九時三〇分予讃線の終着宇和島駅に到着。
今日は四十三番札所まで巡拝する予定である。まず、四十一番札所の龍光寺《りゅうこうじ》までは宇和島駅から十キロメートル弱、四十二番までは二・六キロメートル、さらに四十三番は十・六キロメートル。そこより宿までは一キロメートル。計二四キロメートルほどの行程である。出発時間が九時半を過ぎているが何とかなろう。県道五七号を北に向かう。十一時前に遍路休憩所しんきん庵に寄る。四十一番札所までは、ここより三キロメートルとある。龍光寺には珍しく参拝者は一人もいない。三〇分ほどで四十二番札所仏木寺《ぶつもくじ》。二〇人ほどのバス遍路で賑わっている。

四十三番への途中、今日初めての歩き遍路に会う。彼は一昨日、四十番札所から歩きだし、今日は宇和島駅近くのホテルを出発した。区切り打ちで福井県から来たが、十月八日には帰らなければならない。途中食事をする店もコンビニも見つからず、昼はポケットにあったアメ玉一つで済ましたなどという。

それにしてもよく歩けるものだ。ぼくなら完全にアウト。今日のスタート地点はぼくとほぼ同じだし、出発時間は少なくともぼくより二時間ほど早いと思われるので、かなりのスローペースといって良いだろう。四十三番へは建設中の松山自動車道に沿って歩く。途中、標高四八〇メートルの歯長《はなが》峠は、トンネルではなく峠越えの道を選ぶ。峠を越えたところで、マメでもできているのか足をやや引きずるようにしている遍路を追い越す。その後すぐ、日焼け顔の精悍な面立ちの中年の逆打ちと行き交う。荷物も多いので、野営を続けているのであろうか。四十三番札所の明石寺《めいせきじ》に着いたのは十六時過ぎ、四人の遍路がいた。春の遍路では、こんなに遅くお寺へ着いたことはない。春と違って今は日没の早い時期なのですぐ出発し、山を下って宇和町卯之町の松屋旅館に十七時に着いた。

昨日は雨だったと言いながら、おかみさんが洗って渡してくれた杖を床の間へ立てる。夕食は遅れて来たあの福井の遍路と一緒だった。彼は明日の宿を、この春歩いた時に一緒になった遍路に勧められた大洲《おおず》に近い「ときわ旅館」に決めているという。他に遍路が一人、家族が二組。ぼくは今日の道中、左足裏に異常を感じて二度テーピングテープを貼りなおしてきた。テープを外すと、マメはできていないがやや異常。両足の人差し指にも痛みがある。歩き始めはこんなものだろう。

二日目　十月二日

松屋旅館の裏通りは町並み保存地区になっており、六時前に起きて散策する。旅館前の通りの斜め前辺りに高野長英《ちょうえい》（参考一）の隠れ家がある。奥のこぢんまりした平屋がそうである。松屋旅館の庭には俳人の高野素十《すじゅう》（参考二）、高浜年尾《としお》（参考三）、地元の俳人の句碑があり、庭木もよく配置されていて見事な庭園である。旅館の先々代が医師でもある素十と親交があったことからここで時々句会があり、たまたま今日も句会があるという。

福井の遍路より早く六時四〇分に出発。少し歩いて国道五六号へ出る。四十四番札所の大寶寺《だいほうじ》までは六六キロメートルあるので、途中一泊することになる。鳥坂峠までは十キロメートルほど。旧遍路道の標高四七〇メートルの峠越えは一時間余分にかかるというので、雨の予報もあり、真っ直ぐトンネルを行く。トンネル手前に反射たすき保管設備があり、その前で丁度たすきをつけようとしている半ズボンの遍路がいた。ぼくもザックの中に持参しているものの面倒なので備え付けのたすきを借用し、ヘッドランプをつける。時々ライトを点灯しない車も通るので、万全の注意をして歩く。トンネルは一キロメートルほどで十分余り。出口でたすきを返す。その後緩やかな下りが続き、松山自動車道をくぐる。前を歩いていた遍路が食堂に入って行く。

「肱川《ひじかわ》おろし」（参考四）で有名な肱川を渡るところで大洲城が目に入った。そういえば昨日の早朝、八幡浜への移動中にこの辺りを通ったことに気づいた。道は予讃線の伊予大洲駅に向かっている。この辺りに、あの福井の遍路が泊まるときわ旅館があろうか。それにしても短い距離である。以前、NHKの朝のドラマで放映していた『おはなはん』の「おはなはん通り」の少し手前で食事をする。国道五六号をさらに行くと番外別格霊場第八番札所の十夜ヶ橋《とよがばし》（参考五）がある。この橋の下でお大師様が休んでいたというので、遍路は橋の上で杖を突かないことになっている。この橋ばかりではなく遍路は道中のすべての橋を通る時、杖を突いてはいけないという言い伝えがある。その橋の脇の通夜堂で、愛媛県ナンバーの車遍路の老人が熱心に経を唱えている。

そこから一時間ほどで神南堂遍路休憩所。二人ほど寝ることができる広さであり、五右衛門風呂があり薪も置いてある。薪で沸かして風呂に入っていくのは、ここに泊まる遍路であろう。そんな遍路もいようか。五十崎《いかざき》駅の手前で道を間違えて一〇〇メートルほど戻り、国道と別れ旧遍路道に入る。しばらくして小山の裾を歩き、野球場の横を通って町並みに出ると、有名な内子座《うちこざ》の脇を通る。今日の宿の新町荘に着いたのは十四時半。雨の予報があったが結局は降らず、蒸し暑い一日で下着がひどく濡れていた。部屋へ通されて、違和感のあった足裏のチェックをする。左足土踏まずの横と右足親指にマメができており針でつぶしてテーピングテープを貼る。夕食は六五歳の同郷になる愛知県小牧市の遍路と二人。彼は今日宇和パークホテルを出発してきたという。そのホテルは松屋旅館より一つ向こうの上宇和《かみうわ》駅の近くだ。彼は通し遍路で、丁度三〇日目だそうである。ぼくも通しで歩いていれば、もう少し先へ行っているかもしれない。明日は三〇キロメートル以上歩くというと、七〇を超えてよく歩けるものだと感心し、明日は自分も三〇キロメートルに挑戦すると言う。階下では二一時半ごろまで宴会が続いていた。朝食が七時半のため、明日の朝は弁当にしてもらう。この遍路とは以後、たびたび顔を合わせることになる。

（参考一）高野長英（一八〇四～五〇）　江戸後期の蘭学者。幕府の対外政策を批判し、永牢。その後、脱獄。

（参考二）高野素十（一八九三～一九七六）　俳人、高浜虚子に師事。

（参考三）高浜年尾（一九〇〇～七九）　高浜虚子の子息、俳人。

（参考四）大洲盆地から河口に向かって吹く強風。冬によく発生し、川霧を伴う。

（参考五）大師がこの地へ来て一夜の宿を求めたが、宿を貸してくれる家がなく寒さの中、この橋の下で野宿した。しかし、あまりの寒さに一夜が十夜にも勝る思いであったという。以後、橋の下におられるかもしれない大師様に配慮して、橋の上で杖を突いてはいけないことになっている。

三日目　十月三日

昼食用に近くのコンビニでおにぎりを買うため、同郷の遍路より早く宿を出る。雨の予報が出ており、上下合羽をつけ、ザックにカバーをかける。今日は四十四番札所手前の旅館を予約してあるので参拝はなく、只管歩くのみ。したがってさんや袋はザックの中。六時過ぎにコンビニに寄って遍路道へ戻り、国道五六号を越えてしばらく歩いたところで道が違っているのではないかと思い、尋ねようとするが早朝のため、まだ起き出している家が少ないようだ。明かりが点いている家で教えていただいた道を行くが、正しい道かどうか自信がない。もう一軒明かりがついている家で尋ねるが、「四国の道」と間違えて教えられたように思い、国道まで引き返す。たまたま前から来た車を停めて尋ねると、一〇〇メートルほど先のガソリンスタンドで聞いたらどうかという。そこで尋ねると、次の道を左折して、トンネルを抜ければ国道三七九号へ出るので、それを左折すれば大瀬に行くという。往復三〇～四〇分のロスであろう。おかしいと思った時点ですぐ引き返すべきであった。「四国の道」は旧建設省と地元の自治体が建設した四国を一周する道のようで、遍路道と重複するところもあるが、全く別のものである。国道三七九号とか大瀬方面と聞くべきであった。

トンネルの途中で一人の遍路と一緒になった。彼は昨夜道の駅で寝たといい、できる限り野営することにしているという。しばらく一緒に歩いたが、彼は次第に遅れていく。八時ごろ、無人遍路宿のベンチで合羽を着けたまま朝食の弁当を食べる。蒲団が二枚積んであるが、誰もいない。時間から考えて、中に誰かいると思うのがおかしい。曇り空のままで雨は降りそうもないので、合羽を脱ぐ。大瀬中学校辺りで小牧の遍路が休んでいた。半ズボンである。昨日の半ズボンはこの人だったのだ。遅く出発したにもかかわらず、ぼくが道に迷っている間に彼は先行していたのである。一ヶ月も前から歩いていれば、特に今年の九月は酷暑だったので半ズボンもうなずける。三〇キロメートル挑戦はもうあきらめたという。やりきれない蒸し暑さの中を一緒に歩きだして、間もなく雨になったので軒先で合羽をつけるが、すぐに止んだ。しかしまた、激しく降りだした。曽我十郎五郎首塚を過ぎると「突合《つきあわせ》」で国道三八〇号が分かれ、三八〇号はさらに農祖峠《のうそのとうげ》（標高六五一メートル）道が分かれる。そのまま行けば鴇田峠《ひわたとうげ》（標高七九〇メートル）道となる。どちらへ行ってもよいがぼくは鴇田峠道を選んだ。小牧の遍路は農祖峠を選んだので突合で別れる。

直後に車が停まり、途中まで送りますという。ぼくはいつものように、歩くことに決めていますからと丁重に断る。お接待は断ってはいけないとどこかに書いてあったようだが、歩き遍路と決めた以上、車接待は断らざるを得ない。また、激しい雨になった。吉野川トンネルの脇の新しい遍路休憩所で雨宿りをしながら雨具を脱ぐ。とにかく蒸し暑い。今日はこれまでに自販機の飲み物を二回も飲んだ。前の家のおばあさんが顔を出したので道を尋ねると、鴨田峠へはこの道を真っ直ぐに行って、落合トンネルをくぐったら右折すればいいという。十三時過ぎに三嶋神社を左折。地道を進み、峠を一つ越えるが、まだ鴨田峠ではない。また激しい雷雨となり、廃屋の軒下で二〇分ほど雨宿りする。雷鳴と稲光りと激しい雨が終わった後、鴨田峠を目指す。峠を下ったところの民家で今日宿泊予定の「おもご旅館」を尋ねるが、知らないという。さらに下ると玄関先で立ち話している年配の女性が、これからその旅館の前を通るので一緒に行きましょうとおっしゃる。

歩きながら女性が話す。昔はこの辺りは門前町でかなりの賑わいがあったが、昨今全く面影がないという。その通り、ほとんどシャッターが下りていて静か過ぎる。十四時過ぎに女性と別れた。宿に着き、玄関から呼んでも応答がない。よく見ると、チャイムを押すようにとある。部屋に通されると下着はびっしょりと濡れていた。通常自販機の飲み物は一本ぐらいだが、今日は何度も自販機の前に立った。左足の土踏まずのマメが思わしくないので処置をする。

夕食時、静岡の二人連れの女性と一緒になった。同性の二人連れは男性でも女性でも珍しい。二人は出来得る限り乗り物を利用して、霊場回りをしているという。

十八時半ごろまた、激しい雷雨が来た。

間引菜を抱へし人に道を問ふ

四日目　十月四日

今日は晴れた。六時過ぎに朝食、六時半に出発。静岡の女性はぼくが出発する時に食堂へ入った。今日はとりあえず空身で四十四番大寶寺《だいほうじ》まで行って、また旅館に戻るという。その後、車を呼んで四十五番へ行くようだ。

大寶寺は八十八ヶ寺の中間になるので中札所とも言われており、標高五六〇メートルにある。石段の脇に山頭火（参考一）の大きな句碑（参考二）があった。参拝を終え、河合方面二・二キロメートルの標識を見て山の中を進むと、標高七一五メートルの地点を通る。

それより下ると国道一一二号のトンネルの脇に出た。標高五六〇メートルのこの辺りは九万《くま》高原町《こうげんちょう》である。しばらく国道を歩く。大宝寺から四・二キロメートルの地点で八丁坂に続く旧道に入ると、黒衣の若い遍路が来た。遍路は白衣と思っていたが、そうとは限らない。聞けば、寺から来た修行僧という。ぼくに、

「接待でいただいた缶ジュースだが、飲めないのでもらってほしい」といって、それを渡してくれた。遍路からのお接待だ。標高七三〇メートルの八丁坂を登りきると、農祖峠からの道に合する。道はほぼ平行になり、大師の行場逼割禅定《せりわりぜんじょう》を横に見て、巨大な岸壁を背にした四十五番札所岩屋寺《いわやじ》に至り、参拝。逆方向からは、赤と青の幟旗の立つ急な石段を三々五々上ってくる。ぼくが二六六ある石段を下り、山門に至るまでに十分もかかったことを考えれば、下から上がってくるのは大変なことだ。

やや空腹感が出てきたので門前で菓子を買う。さらに五分ほど下って、国道一一二号に出る。

国民宿舎古岩屋荘の前のバス停の休憩所で、東京から来たという大柄な男性遍路に会う(以後Dさんと呼ぶ)。ぼくとは逆コースで、これよりあの階段を上がって岩屋寺に行き、その道を戻って、ぼくが予定している宿に宿泊するという。しかも昨夜は、鴇田峠の十キ

ロメートル向こうに泊まったというから驚く。ぼくがおもご旅館に泊まったというと、荷物を預かってもらえばよかったのにという。後から考えたが、確かに昨夜泊まった旅館へはこの先から数百メートル戻るだけのことであるので、言われる通りである。同泊したあの二人の女性はそれを計算済みであった。聞けば歩き遍路三回目で、二回目は妻と歩いたが自分とペースが合わず、もう一緒に歩いてくれないという。さもありなんと思う。連休を利用しながらの区切り打ちだそうである。この方ともその後、時々一緒になる。

近くにいた地元の女性が、今年の夏は暑さのため、熱中症で救急車で運ばれた遍路を二回見たと話している。ふるさと旅行村の前を通り、住吉神社まで来ると遍路道が右に分かれるが、標高七四〇メートルの峠越えを避けて、そのまま進む。トンネルの入口で備え付けの反射たすきを借りる。出口の休憩所で、左足の具合がよくないので靴を脱いでテーピングをしなおす。程なく国道三三号に出て右折する。ここから、昨夜のおもご旅館が近いのだ。今日の宿の桃李庵は国道を上り詰める手前にあるのでだらだらとした登りが続くが、これには閉口する。

桃李庵は中年の夫婦が経営している。薪の暖炉があり、通路には珍しく教育勅語が掲げてある。聞けば教育勅語はお寺で売っているとか。

東京のDさんは、ぼくより二時間ほど遅い十七時過ぎに着いた。もう一人、自転車の遍路も来た。

食堂には元総理菅直人の色紙が掲げてあった。「草志」とある。三年前の六月に来たそうだ。主人が、こういう方が来ると報道陣で大変ですという。今春、三十八番金剛福寺から三十九番延光寺への途中で泊まった清水川荘の主人も菅元総理が宿泊したと言っていたが、同じ年なのだろうか。以前、元総理が区切り打ちを続けているという新聞記事を読んだことがある。

ここはテレビがないので明日の天気が分からない。四日後の五十六番泰山寺《たいさんじ》の宿坊を予約するが、現在閉鎖しているということなので、今後の予定があまり変わらないように組み直さなければいけない。

息荒く登り来たれば秋のてふ

（参考一）種田山頭火（一八八二～一九四〇）山口県生まれ。萩原井泉水《せいせんすい》に師事。後に出家して全国を漂泊。旅と酒を愛した自由律の俳人。四国遍路も二度経験。

（参考二）朝まゐりはわたくし一人の銀杏ちりしく

他に、うれしいこともかなしいことも草しげる（五十一番石手寺）

もりもりもりあがる雲へあゆむ（五十二番太山寺《たいさんじ》）

五日目　十月五日

六時朝食。宿の主人が窓を開けて、曇っているが標高が高いからこんな天気だろうといっている。しかし、出発時は小雨になった。この宿は国道から一本東へ入っているが、宿の主人が切り開いた山道が近道となって国道へ続いている。国道に出るとすぐに雨が激しくなり、傘をさしてザックにカバーをかける。一時間半ほどで太平洋と瀬戸内海の分水嶺三坂峠。九万高原町から松山市に入る。峠より山道を一気に下れば、旧遍路宿の坂本屋を復元した苔むした屋根の小屋の前に出る。ここに句碑がある。

旅人のうた登り行く若葉かな　　子規

さらに下ったところで、年輩の五、六人の男女が遍路の墓の前で、彼岸花の周りの雑草を刈り取っていた。野辺に倒れた遍路の墓の手が届くところはこうして手入れして樒《しきみ》を供えているという。

八時前、地道へ出るころに雨が止んだ。そこより一時間ほどで四十六番札所浄瑠璃寺《じょうるりじ》。入口に句碑がある。

永き日や衛門三郎浄瑠璃寺　　子規

門前の旅館には、句会を催す結社の名前が書き込まれた札がかけられていた。さすが松山と思う。ここから五十番繁多寺《はんたじ》まで、松山市の中心に向かってお寺が続く。四十七番八《や》坂寺《さかじ》までは九〇〇メートル。すぐ近くに衛門三郎の屋敷跡に建てられた別格番外寺の第九番札所文殊院がある。四十八番西林寺《さいりんじ》までは四・四キロメートル、ここで、昨日会った例の黒衣の坊さんに会う。托鉢をしてきたので遅くなったというが、いいペースだ。

四十九番浄土寺《じょうどじ》には門前に、また子規の句碑がある。

ここでも先日のDさんに会う。彼は番外寺にも参拝しているが、それでもぼくと同じくらいのペースである。二〇の番外寺で数珠玉を求め、それで数珠を作るのだという。家族三人だから、各番外寺で三個ずつ買っている。

大型バスが三台次々と入ってきた。

繁多寺までは一・七キロメートル。鐘楼に天井絵があるとDさんが言っていたので、見上げると、二四人の孝子《こうし》を描いたものである。ここは淡路山の中腹にあり、松山城から瀬戸内海まで眺めが広がる。

五十一番札所石手寺《いしてじ》までは二・八キロメートル。雨が止んでからまた蒸し暑くなり、飲み物を買うために自販機に立ち寄る。そこから数百メートルで石手寺。ここにも寺名につながる衛門三郎の言い伝えがある。道後温泉に近いせいか、かなりの人出である。入口に中年の薄汚い白衣で、遍路かどうかと疑うような人が立っているのを不気味に感じながら鐘撞堂に行き、財布を取り出そうとしてズボンの後ろポケットに手を入れたが、ない。無い。ない。無いのだ。財布が。一瞬頭が真っ白になった。

先ほど飲み物を買った時にひどく喉が渇いていて、財布を後ろポケットに入れるのももどかしく、つい胸から白衣に放り込んだ。当然腰のバンドで止まるはずであったが、考えればそれしかないと、路上を探しながら自販機へ走った。もし、財布がなければ、現金ばかりでなく郵貯カードもないから万事休す。今日の宿は予約してあるから事情を言って、自宅から現金を送ってくるまで逗留しなければならないなどと考えた。自販機の近くまで来ると、自販機と反対側の道端に財布が落ちていた。たまたま立ち寄ったのが石手寺の近くの自販機でよかった。もっと遠ければ確実に気づくのが遅れ、そうすればそれこそ万事休すかと思う。

今日の宿は石手寺から一キロメートルほどの民宿である。主人が、近くに道後温泉があるから湯につかってきたらどうですかというので出かける。この温泉は以前、石鎚山《いしづちやま》に登った時に立ち寄ったことがある。湯につかって宿に帰り、昨日の自転車遍路と食事をする。今日の客は二人。彼はぼくより若干年下で、兵庫県から来たという。今日で十四ヶ寺目になるが自転車は予定した道を一瞬で通りすぎることが多く、道を間違えやすい。峠道などは敬遠することが多いし、自転車を置いて登ることもあるとか。自転車利用も善し悪しがあるようだ。ぼくの財布を落とした話から、主人が言うには、遍路を狙う置引きが多いという。特に無人小屋などは狙われやすいそうだ。確かに、その気になれば簡単に置引きできるであろう。ひょっとすると石手寺の入口に立っていた白衣の人がそんな類の人なのかもしれないと、ふと思ったりする。

二階の部屋に戻ると、前の通りで神輿を練っている声が聞こえた。今日はお祭りで、宿の前の神社の階段を駆け上がって神輿を奉納する。各地から神輿が集まってくるから二一時半ぐらいまで賑わうというが、疲れで見物する余裕もない。まだ左足裏が治りきっていない。右足踝《くるぶし》もまだ痛みがある。十月七日、八日の宿の予約をする。

畦みちの長さのままに彼岸花

六日目　十月六日

自転車遍路は直接次のお寺に向かわず、観光を楽しんでからゆっくり行くとか。

ぼくは六時出発。道後温泉街を抜けて、まず道路沿いにある山頭火一草庵（参考一）に向かう。ここで投句箱に二句投句する。県内最大木造建築と言われる五十二番太山寺《たいさんじ》へは、松山御幸町郵便局の先で遍路道が二つに分かれるが、右の道の国道脇の用水路に沿って行く。通勤・通学の児童などが行き交い、車や人が多い。県道四〇号を左折して、ＪＲ予讃線を越す。一の鳥居から本堂までかなりの距離がある。まず、公道にある鳥居をくぐり、しばらく行くと山門がある。そこより五〇メートルで納経所、さらに本堂まで三〇〇メートル。鐘は一三八三年のものとある。参拝者は五人ほど。また投句箱があり、二句投句する。隅で地元の熟年者が数人話し込んでおり、彼らに道を聞いて途中まで戻る途中、Dさんに会う。ぼくの宿より少し先のビジネスホテルへ泊まっていたらしい。

五十三番円明《えんみょう》寺《じ》までは二・六キロメートルと近い。駐車場に遍路のバスが二台停まっており、境内はかなり混雑している。参拝して山門近くまで来ると、ベンチでパンを食べ始めたDさんがいた。朝食だという。体のわりに小食なのか、よくここまでもったものだ。彼に三四キロメートルほど先の五十四番延命寺《えんめいじ》への道を聞くが、さすがに三回目だからよく覚えている。

国道一九六号へ出るまでに少し迷った。久しぶりに海を見ながら歩く。瀬戸内海である。昼前、粟井坂。すぐ近くのうどん店は休みなので、二〇分ほど歩いてやはりうどん店で昼食。近くの蓮福寺に句碑があると聞いたので立ち寄るが見当たらない。しばらく先の西ノ下大師堂に高浜虚子などの像が道に面してあり、写真に収める。この辺りが虚子の故郷なのであろう。（参考二）

さらに小半時ほど歩いて、道端のベンチで休もうとしたところへ中年の女性が来て、私の家の隣が遍路休憩所ですからどうぞという。彼女の家は日用品などの販売店である。案内していただいた女性よりお茶と菓子の接待を受ける。備え付けのノートを繰ってみると、今日の日付で名古屋市の隣の市の人が「有り難う」と感謝の言葉を記している。ぼくも同じように感謝の記帳をする。この方は十時ごろ休んでいかれたという。四時間前だからかなり先を歩いていよう。間もなく国道を右に折れ、標高二一四メートルの腰折山《こしおれやま》の中腹を巻く道に入る。この先国道が九〇度右折するので、三角形の一辺を行く道であるが、途中道を間違えたかと不安になりながら急ぐ。道を確認するにも、人も車も来ない。

ようやく現れた人に聞くと、この先、予讃線を渡るとすぐ国道に出ますという。国道に出て、また考えた。今日の宿は国道沿いだが、そのまま国道を行くのか、戻ることになるのか。しばらく人が通るのを待って聞く。結局二〇〇メートルほど戻ると、一階が骨董品店、二階がカラオケ店、そして三階に予約した「コスタブランカ」という名前を見つけた。

一階は閉まっているので、二階へ上がると、カラオケが騒々しい。大声で呼んでも誰も出てこない。しばらくして若い女性が出てきて、三階の部屋へ案内してくれた。カラオケは十時まで営業ですが、音量は絞るようにしますという。コスタブランカはスペイン語で「白い砂浜」だそうだ。

左足親指に新しいマメができており、治療する。右足踝にテープを巻いていたが、これは効き目がないようなので外す。

この宿で、またDさんと一緒になった。今日の客は我々二人だけである。Dさんは五十三番円明寺で静岡の女性二人連れと会った。この二人は乗り物が利用できるところは乗り物を利用するといっていたというから、おもご旅館で会った二人に違いない。彼女らの歩きは一日平均二〇キロメートルのペースだと言っていたとか。また、例の坊さんに道後温泉で会ったが、基本的には托鉢をしながら野宿を重ね、通常は四と九の付く日に入浴することになっているそうであるが、あの坊さんは野宿をするような大きなザックではなかったのではないかと思う。Dさんはかなり余裕を持って歩いているようだ。彼は週末に帰京する予定だが、それまでには六十四番前神寺《まえがみじ》まで打ち終え、その後夜行バスで帰京するという。そのため、明日は四〇キロメートルの歩行を予定している。続きは来年五月の連休になるが、生涯で十回は回りたいとも。

テレビで、昨日の道後温泉のお祭りは五〇〇〇人の観客があり、八台の神輿の鉢合せでけが人が出たと報じている。民宿の裏を時々列車が通過する。カラオケは十時までの営業と言っていたが、客がいないのか静か。主人の声がつぶれているのは歌いすぎのせいだろうか。九日と十日の宿を予約する。

名勝へ立寄りもして秋遍路

（参考一）一草庵は種田山頭火の終の棲家。改装して一般公開している。

（参考二）山本健吉の『定本現代俳句』に次の記述がある。

道のべに阿波《あは》の遍路《へんろ》の墓あはれ

昭和十年作。虚子に「阿波のへんろの墓」という文章がある。「あの遍路の墓はよほど古いもののようであった。遍路で客死するものは沢山あるであろうが、特に遍路の墓として無名の遍路をここに埋葬して碑を建てたのは何か哀話があるのであろう」云々と書いている。この遍路の墓は、虚子の郷里、伊予の風早西ノ下大師堂の大松の下にあったのであって、姓名も何もなく、ただ「阿波のへんろの墓」とのみ刻してあったのである。

……残念ながらぼくはこの句碑を見落としてしまった。

七日目　十月七日

六時の朝食時、Dさんが現れなかった。昨日の夕食後、ぼくと一緒に一泊二食分の代金を支払っていたのでどうしたのかと店の人が携帯電話に連絡すると、既に出発している。そういえば今日は長距離を歩くと言っていたので、思いついて早く出発したのだろうと噂する。昨朝、円明寺のベンチで彼がパンを食べていたのを思い出した。朝食抜きでもよいのであろう。出発時、バナナ、菓子などのお接待。部屋のキーを持ったまま出発したのに気づき、五分ほどで引き返す。いつまでも足裏の調子がよくないので今日は病院に寄ろうと考えていたが、何とかよさそうだ。海沿いの国道一九六号を歩く。右手にはJR予讃線。七時半、瓦屋根の町並みを通過。遍照院を過ぎて間もなく、あの自転車遍路が手を上げて追い越して行く。道後温泉でゆっくり観光してきたのだろう。左手の太陽石油菊間製油所を過ぎるころ、また左足に異常を感じた。星の浦海浜公園で休んで靴を脱ぐと、今度は親指の脇に新しいマメができていた。

五十四番延命寺へは国道を左折して五〇〇メートルほどだが、寺の近くは道が狭く大型バスは乗り入れできないので、多分どこかでバスから乗り換えたと思われる乗用車が七台ほど次々と入ってきた。立派な山門は今治城の城門だったそうだ。

ここから八十八ヶ所で唯一坊のつく五十五番南光坊《なんこうぼう》までは三・四キロメートルの旧遍路道。途中の墓地公園内で食事をする。南光坊は大師堂が工事中で閑散としていた。そのため、本堂内に大師堂が移転している。ぼくのすぐ後に来た人が、本堂で同じことを二回するのかと独り言を言っている。多分本堂と大師堂の分のことを言っているのであろう。それならとぼくも時間に余裕があるので、本堂の前で同じことを二度繰り返して参拝を終えた。

今日は汗ばむ陽気だ。今日の宿は当初五十六番の宿坊を予定していたが、宿坊は現在休んでいるということなので、南光坊のすぐ近くの笑福旅館に変えた。五十五番と五十六番は三キロメートルの距離だから、今後の予定にあまり影響を与えないであろう。宿へは十三時過ぎに着いて、まず足裏の手当てをする。今朝の出発時、病院があれば寄ろうと思っていたが、歩き始めは調子がよかったのでついつい病院も探さずに歩き続けた。しかし、病院で手当てをしても一時的なものであろう。

その後一〇〇円で洗濯機を回す。乾燥機はないので外に干す。

珍しく時間があるので、宿の四日分の新聞を読む。旅館の経営は老夫婦二人だが、夜の食事は近くにいる娘か、嫁が手伝いに来るという。今日の客は、ぼくのほかに一人。夕食時、この客は早口で一方的に話すので聞きづらい。兵庫県生まれで、名古屋にもいたことがある、今は一年に十三回ほどの霊場めぐりが仕事のようなものという。しかし、一年にそんなに回れるものか。後で宿の主人に聞くと、奥さんを亡くし、娘も嫁に行って一人だから、車で時々来るようだという。一回で八十八ヶ寺を一回りするということではない。多分区切り打ちなのであろう。

テレビは石鎚山の紅葉を伝え、ノーベル化学賞に日本人の北海道大学名誉教授鈴木章と米パデュー大学特別教授根岸英一の二人が決まったと伝えている。

瀬戸内の風が支へて秋の蝶

八日目　十月八日

出発時は曇っていたが小雨になりしばらくして止んだ。予讃線今治駅から県道を真っ直ぐに行く。五十六番泰山寺《たいさんじ》へは三〇分ほど。門前の自販機の前で遍路二人が座って話し込んでいる。山門をくぐると、朝が早いせいか参拝者は二人、他に自転車の外国人の中年女性。この女性は後日分かったが、オランダからの遍路さん。

参拝を終えてもまだ話し込んでいる一人に、次の五十七番札所への道を聞く。彼は歩きで二回まわったが、腰を痛めたので三回目は車で参拝しているという。

五十七番栄福寺《えいふくじ》までは三・一キロメートル。東へ旧遍路道をたどり、蒼社川《そうじゃ》を渡って右折する。五十六番の門前で話し込んでいた一人が、また若い遍路と話している。メールの交換なんかしていて結構話好きな様子。五十七番から下った遍路洋品店が丁度開店のため戸を開けているところで、主人に五十八番仙遊寺《せんゆうじ》への道を聞くと、「あの山の上です」といって右方の山を指し示す。また山登りになる。どちらからと問われたので、名古屋と答えると、私の弟が名古屋の中川区で商売をしているので名古屋へは時々出かけるという。

標高二八一メートルの作礼山《されいざん》への遍路道を行くと犬塚池があり、その斜面の草を夫婦らしい二人が刈り取っている。池を越した辺りでまた雨が降りだした。傘でやり過ごそうとしたが駄目で、山門手前の東屋で合羽を着けてザックにカバーをかける。そこより階段の登りが十分も続いた。この仙遊寺は山頂付近だから、瀬戸内海やしまなみ海道を見渡すことができるはずだが雨では何も見えない。久しぶりに鐘をつく。足湯の設備があるが湯がない。ここに宿坊があるので、泰山寺の宿坊が休止中と聞いた時、この宿坊に変更することを考えたが、今後の予定が狂うので、五十五番近くの旅館にしたのだ。後からここへ泊まった遍路の話だが、仙遊寺の住職は名古屋出身で話好き、一時間も朝の法話が続いたという。仙人が遊ぶ寺と名付けられたこの寺にロマンを感じる。何とも楽しい名前である。

五十四番から五十八番の距離は国道を挟み十四キロメートルほどで、比較的それぞれが近い位置にある。五十九番国分寺までは六・一キロメートル。遍路道から車道に出て、しばらくすると伊予富田駅に出る。右折して県道を予讃線沿いに歩く。雨は降り続いている。境内に石像の握手修行大師があり、握手して願いを言うのだが、大師は忙しいので願いは一つとある。ここには遍路が三人おり、三人とも車遍路。雨に濡れなくていい。一人は区切り打ちで六日目という。

次は標高七四五メートルの六十番横峰寺《よこみねじ》。二七キロメートル先になる。県道一五六号より国道一九六号に出て、道の駅今治湯ノ浦温泉で讃岐うどんを食する。今治小松自動車道をくぐり世田薬師への途中、三〇代と思しき男性が車を停め、目的地まで送りますのでよろしかったらどうぞという。車の接待だ。雨の中をひたすら歩くより車で送ってもらったほうがよほど良かろうが、歩くことに決めておりますので、といつもの台詞を告げて丁重に断る。十五時過ぎに丹原高校の近くの栄家旅館に着いた。ほぼ予定の時間だ。先客が一人いるようである。ここでも洗濯の接待をさせていただきますという。合羽を着ていたので下着まで汗でびしょ濡れだから助かる。この日の遍路客は男四人、女性一人の五人。女性は頭を丸めているので、どこかのお寺の尼さんであろうか。この女性とは途中で出会っていて、他の遍路と親しげに話していたので仲間かと思ったが、そうでもないようだ。宿の主人が、明日宿泊予定の宿がこの旅館と提携している宿であれば、荷物は車で送ると言われるが、既に予約している宿は提携旅館ではない。

九日目　十月九日

昨日からの雨は降り続いている。西日本最高峰の石鎚山中腹になる標高七四五メートルへの山登りの日に、また雨かと思う。国道一一号へ出る手前で、中年の女性が軽自動車から降りて立っている。ぼくが通りかかると、接待ですと言って二〇〇円差し出す。ザックを下ろして納札を出そうとすると、雨だから結構ですと言う。わざわざ雨の中を有り難う。

遍路道は国道を横断して直進するのだが、コンビニで弁当を買うために右折する。コンビニへ着くと丁度、宿で一緒だった三人がタクシーに乗り込もうとしている。タクシーで次の寺の途中まで行くそうだ。この三人は別々の遍路だが、途中で一緒になって歩いているとか。もう一人は膝の調子が悪く、登らないという。中へ入るとDさんがいた。コスタブランカ以来だ。前夜は前々から予定していた「しこくや」へ泊まったという。三回目だからそんな計画も立てられよう。店を出てDさんと話しながら歩く。八時四〇分、舗装道路より山道に入る。タクシーを利用してもここまでである。自転車遍路は登り口へ自転車を置いて登らざるを得ないであろう。かなり急な登りが二・二キロメートル続く。傘をさしたまま汗びっしょりになってDさんの後についていくが、彼は速い。登りきった休憩所でDさんが待っていた。合羽をとり、シャツを脱いで絞る。喉が渇いているので、近くの自販機でジュースを買う。そこへ、もう会わないと思っていた小牧の人が来た。あの半ズボンの遍路だ。もう一人、名古屋のEさんも一緒だ。この二人は歩いているうちに時々一緒になるという。小牧の遍路は今日も、昨日の宿へ戻り連泊する予定とか。Dさんが荷物搬送接待で六十一番札所から六十番への逆打ちもいると教えてくれる。

参拝を済ませて、Dさんと一〇キロメートルほど隔てた六十一番香園寺《こうおんじ》に向けて下る。途中、タクシーで来た三人が東屋で雨を避けて食事をしており、我々もその隅を借りて食事をする。

香園寺はコンクリート造りの大きな聖堂でホールのよう。本堂と大師堂を擁している。雨は降り続いている。六十一番と六十二番宝寿寺《ほうじゅじ》は国道沿いにあり、一・三キロメートル隔たっている。さらに六十二番から六十四番前神寺までは四・五キロメートル。六十三番の吉祥寺《きちじょうじ》付近で雨が止んだ。今日の宿は前神寺の近くの湯之谷温泉を予約している。温泉まではわずか七〇〇メートル。ここでDさんと別れる。Dさんは三キロメートルほど先の温泉で休憩して、JRとタクシーで川之江インターまで行き、夜行バスで明朝帰京する。

湯之谷温泉は旅のシーズンのため多くの人で賑わっていたが、遍路は先ほど一緒だった名古屋のEさんと二人だけ。

今日より西条祭りが始まる。日帰り客も多いようだ。Eさんはぼくより若干若い。彼が言うには、彼も生まれは小牧市で、あの半ズボンの小牧の遍路は小牧では名のある家の出だという。今日は足の裏は順調。

十日目　十月十日

出発時、登山の格好をした夫婦が車に乗り込もうとしているので聞いてみる。石鎚山の登山口まで行き、その後、登山の予定という。近くにＪＲの石鎚山駅がある。ぼくが石鎚山に登ったのはもう三〇年も前の昔になる。

次の六十五番三角寺《さんかくじ》までは四五キロメートルあり、到着は明日になる。同郷の人は後からというので、先に発つ。曇り空である。国道一一号に出て国道をそのまま歩いてもよいが、ほとんどは一本南を歩く。加茂川を渡って堤防へ出、石鎚山が眺められるようになると晴れ間が広がってきた。武丈《ぶじょう》公園の脇を進み、松山自動車道を南に見る。

さらに三時間近く歩いて「十河《そごう》信二前国鉄総裁出生地」とある看板の前を通過。国道へ出る新居浜船木郵便局辺りでかなり足に疲れを覚えるようになった。

この辺りは新居浜太鼓祭りの準備中で、道路の上方に横断幕を取り付けている。道後温泉の祭り、西条祭り、新居浜太鼓祭りと、今や伊予は祭り一色だ。

国道一一号と予讃線を横断した別格霊場十二番の延命寺前で、自転車の欧米人と思われる遍路が「こんにちは」と手を上げて追い抜いていく。顔を覆っているが、多分あのオランダの女性かと思う。そこから予約した松屋旅館まではすぐであった。まだ二時前である。

途中カメラがないのに気づいていたので、ザックの中を隈なく探すが見当たらない。前夜の湯之谷温泉へ電話すると、ぼくのケータイに連絡しなければと思っていたところだという。受取人払いで自宅へ送っていただくようお願いする。間もなくお風呂をどうぞと声がかかったので、久しぶりに大きな湯船に沈む。食堂に行くと、一昨日栄家旅館で別れた膝が悪いという遍路とまた一緒になった。

彼は「西条駅まで歩いて来た。六十番も六十五番も既に打ち終えているので、明日は膝の調子がよければJRで移動して、残っている二十三番から歩く」という。

二十三番は発心の道場阿波最後の寺だ。そこから七〇キロメートル以上先の修行の道場土佐一番寺の二十四番最御崎寺を目指すのか。多分長い距離を後回しにしたのかと考えるが、こんな歩き方もあるのかと思う。広島から来たというから、比較的近いのでこのような飛び打ちができるのであろう。

その後Eさんが来た。延命寺へ寄ってきたそうだ。今夜は遍路が五人、それに飛び入りの団体客が七人で、旅館の夫婦はかなり忙しそうである。飛び入りが分かっていればお手伝いさんを頼んだのにというが、旅のシーズンである。忙しいのは結構なことだ。

石鎚山《いしづち》を遥かに見たる秋遠路

道幅に垂らして幕や在祭《ざいまつり》

十一日目　十月十一日

今日は六十五番三角寺に巡拝後、境目峠を越えて民宿の岡田まで。この民宿は早く申し込んだほうがいいと案内書にあったので、早くに予約してある。辺りに宿が少ないのと、次の最も標高が高い雲辺寺《うんぺんじ》へ登る基地となるからのようだ。

出発前、おかみさんに境目峠はトンネル経由か峠越えのどちらがいいか尋ねると、峠越えは道が入り組んでいるところもあって迷いやすいのでトンネルのほうがいい、トンネルを出れば一キロメートル余りで岡田さんに着く、また、コンビニは五〜六キロメートル先に一軒あるが、弁当を買う店はそこだけだから見落とさないようにとアドバイスを受ける。

道はしばらくすると国道を横断し、丁度予讃線と松山自動車道の中間辺りに続く。コンビニを見落とさないように気をつけていたところ、国道と背中合わせにあった。

九時前、国道三五九号を横断後、しばらくして道を失う。声がしたので振り返ると後方で、右へ行けと老人が手で合図している。よく探すと、右方向を示す遍路標識があった。後ろへ大きく手を振ってお礼を言う。間違えやすいので後方で見守っていただいていたようだ。その後ジョギング中の若い男性が追いついてきて、ぼくと並んで歩きだした。これから三角寺まで往復するという。また、年に一回は雲辺寺まで仲間とランニングすることにしているとか。中曽根小学校の前で別れしばらくして、玄関の前で植木の手入れをしている人に挨拶をすると、昨日車で雲辺寺へ行ってきたという。主に車で参拝しているが、まだ三〇ヶ寺以上残っている、すべて終わるのにあと何年かかるかと苦笑する。

道は右へ回って松山自動車道をくぐり、自動車道沿いに歩く。戸川公園で休んでいると、東京から来たという多分ぼくほどの年齢の遍路が横に座った。昨日、横峰寺へ登った後ビジネス旅館で一泊してJRで移動、先ほど三島駅へ着き、そこから歩いてきたという。乗り物利用の遍路だ。過去二回は一国打ち、今回は二国を打って、十月十七日に八十八番の予定だそうだ。十七日に八十八番といえば、ぼくと一緒だ。

山道へ入るとみかん農家の夫婦が仕事中で、色づいたみかんを二つ渡してくれた。納札を渡す。瀬戸内海を見下ろす見晴らしがいいところだ。陽が降り注ぐこんな場所だから美味しいみかんがとれるのであろう。名にし負う伊予のみかんだ。眼下にエリエール製紙工場、右手に川之江城、奥の小島の近辺では煮干が作られるという。

標高八二六メートルの平石山の北腹にある三角寺の最後の登りはきつかった。山門で鐘をつく。薬師堂の隣に三角《みすみ》の池があるが、これが寺名の由来か。調べてみると昔、三角の護摩壇があった跡という。

伊予・菩提の道場をすべて打ち終えて、一キロメートルほど下ったところで中年の女性に会う。この近辺では六十五番三角寺が残っているので、三角寺の参拝が終われば福岡へ帰るという。あとは平地にあるお寺ばかりが残っているそうだ。

十二時半、ゆらぎ休憩所でジュースを飲む。少し下るとまた休憩所があったが、欲をいえば適当な間隔で休憩所があるといいとまた思う。しばらく下ると番外の椿堂があり、丁度通りに面しているので立ち寄って参拝。その後、国道一九二号を進むと長さ八五五メートルの境目トンネル。手前で遍路道が分かれるが、旅館のおかみさんのアドバイス通りトンネルを行く。途中で愛媛県から徳島県に移る。出口で栃木の中年女性と一緒になった。定年前に連休を挟んでの区切り打ち。遍路がこんなにしんどいとは思わなかったので、定年後に遍路希望の友人がいるが、もう勧めないことに決めたという。

トンネルの出口に気温二一度の表示。いい気候だ。このまま国道を行けば、大歩危小歩《おおぼけこぼ》危《け》に至る。宿の近くの小学校の道路側に標高二四〇メートルの標識があった。宿に着いたのは丁度三時で一番客。若奥さんに杖を丁寧に洗ってもらう。次に栃木の女性。その後、東京の人が着いた様子。結局、あの名古屋のEさんを含めて五人が今日の客である。満室ではないのだ。例年、客が多いのは三月から五月、次に今ごろだが、今年は少ないという。

夕食後、主人が雲辺寺までの見取り図を全員に渡し、詳細にわたって説明された。明日は山登りになり、店がないので昼食はお接待するとおっしゃる。この夏は猛暑が続き、熱中症で病院へ運ばれた遍路もいたという。四十五番岩屋寺を打ち終えた後も、そんな話を聞いた。

寝床に入ると両足がずきんずきん痛む。久しぶりに寝つきが悪い。脇を流れる川音が高くなった。

十二日目　十月十二日

六十六番雲辺寺は正しくは徳島県になるが、香川県との境にあり、地理的には香川県と言っても差し支えないので、讃岐涅槃の道場の最初の寺とされている。

六時二〇分出発。主人に挨拶をして玄関まで来ると、靴が並べられて中に脱臭剤が入れてある。ちょっとした気遣いだ。外へ出て歩きだすと後ろで、

「行ってらっしゃい」と大声の若奥さん。爽快なうれしい気分になる。手を振って応える。

久しぶりに少々ひんやりする。主人からいただいた見取り図を見ながら進むと、十分ほどで登山口の標識。急な山道も次第に緩くなり、標高六五〇メートルの車道へ出る辺りで、

後方より鈴の音がして、東京の遍路が近づいてきた。脇に「民宿岡田へ三・五キロメートル」の標識が立つ。道はさらに緩くなる。今日は大変だという思い込みが強く、ゆっくり登って来たせいか思ったより疲れを覚えない。二時間半ほどで雲辺寺へ着いた。程なくして昨夜宿を共にした埼玉の人が来た。この人は遍路杖を持たない。携帯電話も所持していない（以後Fさんと呼ぶ）。昨日は境目トンネル付近の公衆電話から岡田へ連絡したというが、空き室があって幸運であった。もっとも、満室の際はどこかを紹介するルートがあると聞くが。

転勤で一時名古屋支店にも勤務したことがあるという。四〇年前、四国霊場めぐりを始めたところ病気で中断し、定年後再開した。今日もどこへ泊まるか決めていないし、最後の大窪寺まで行くかどうかも分からないそうで、この人ものんびりした遍路さん。その後Eさんが来た。東京の人は下り所要時間七分のロープウェイで下るという。栃木の女性はまだだ。ぼくは頂上の五百羅漢を見てから下りにかかる。急な山道である。林道へ出る手前で、登ってくる逆打ちの遍路に会う。さらに下ると、林道を横断するところで男性遍路が休んでいる。聞けばこの方も逆打ち。三度道に迷ったが、何とかなるものだという。相次いで逆打ちに会うとは珍しい。結局、栃木の女性には会わなかったが、多分ロープウェイを利用したのであろう。

車道に出てみかん畑の中を行く。落下しているみかんが多い。摘果したというより、自然に落ちたのであろう。生っているみかんも成長がアンバランスなのか、口を開けているみかんも多い。道端に落ちているみかんの中から色づいているそれを口にしてみると、甘味は少ないがお腹が空いていれば食べられる。さらに下り、民宿青空屋の前を通ると、道路脇の掲示板に「○○さんがんばれ」と○○さんにエール送っている。多分、途中で時々会った遍路だろう。

お腹が空いてきたが休憩所がないので、次の六十七番大興寺《だいこうじ》に着いてすぐ接待の弁当を食べ始めると、あのロープウェイで下った東京の遍路が近づいて来た。

「もう着いたのですか」そういって同じ接待の弁当を食べ始めた。結局、彼はロープウェイを降りて、雲辺寺から三・四キロメートル地点まで戻り、その後はぼくが歩いた道をそのまま歩いてきたのだ。距離からいえばあまり変わらないようだ。

大興寺の山門を出て、小川を渡り左折する。途中、県道六号と二四号の交差付近で直進と左折の標識があり、立ち止まる。近くの家を訪ねて聞こうとするが留守ばかりで、やっと一軒の家で聞くことができたが、どちらでも行けますという。

近くの郵便局でお金を下ろす。県道六号を直進し、高松自動車道をくぐり、国道十一号を横切る。さらに予讃線を越え、元総理の大平正芳記念館を過ぎてから、派出所で今日の宿への道順を聞く。

予約した宿は閉まったまま、隣で聞いても要領を得ない。電話も通じない。一時間ほど待つが一向に状況は変わらないので、連絡がついてからキャンセルをすることにして、近くの藤川旅館を訪ねると幸いにも空室があった。

おかみさんから、六十八番と六十九番はすぐ近くだから今日中に済ませておいたほうがよいのではと勧められ、荷物を置いて出かける。財田《さいた》川を渡って左折すればすぐである。六十八番神恵院《じんねいん》、六十九番観音寺《かんのんじ》は一つの土地に隣り合っている。時間も遅いので、遍路のバスが一台帰るところで閑散としている。両寺の参拝を終えて坂を上り、見晴台から銭形砂絵「寛永通宝」（参考）を望む。砂絵は浜辺にあり、その向こうは海水浴場になって燧《ひうち》灘《なだ》が広がる。ここも一台のタクシーが乗客を乗せて帰るところで、他に若者が二人ほど。下って琴弾《ことひき》八幡宮に入ろうとしたが、祭礼の準備のためロープが張られていて進入できない。ここも秋祭りが始まるようだ。四時半過ぎに宿へ戻り、予定していた宿へ取り消しの電話を入れると、留守にしており申し訳ありませんでしたと恐縮の様子。

この藤川旅館は満室か満室に近いようで、人の出入りは多いが遍路は二人であった。もう一人の小柄な徳島の遍路は、昨日三角寺の向こうから四〇キロメートル以上歩き、六十五番から六十七番まで打ち終え、ここへ着いてからぼくと同じように六十八番と六十九番へ行って来た。三三日間で霊場を回る予定とかで、驚くばかりだ。七二歳で、ぼくより年長なのだ。山歩きをしていても、たまさかこんな類《たぐい》の人に会う。

霧に入り雲より出でて雲辺寺
杖の鈴近づきて来る霧の中

（参考）寛永十年（一六三三年）讃岐領主がこの地を訪れるというので、住民が領主を慰めるために一夜で造り上げた。

十三日目　十月十三日

朝食後、徳島の七二歳はすぐ出発した。ぼくもすぐ後を追って出発したが、すぐ見失った。七十番本山寺《もとやまじ》へは財田川左岸か右岸を遡ることになる。ぼくは自動車道がない左岸をたどる。四キロメートルほどで右岸へ渡ったところが本山寺。宿から丁度一時間。青空の下に五重塔が立つ。弘法大師一夜建立の立て看板がある。本堂の前で正座して読経している中年の女性がいた。透き通る声だ。その他に遍路が三人ほど。中年の女性は次に大師堂の前で同じように読経した。そして、参拝を終えたぼくに、お接待をさせていただくことにしておりますといって菓子の包みを渡してくれた。納札を渡そうとすると、それは結構ですという。近在の人ではないかと思う。そこへEさんが来た。ぼくは昨夜、Eさんと同じ宿に泊まる予定であった。Eさんが言うには、宿が戸締まりしてあったので、どうしたらよいかと考えていたところへおかみさんが帰ってきたそうだ。ぼくが藤川旅館へ着いてから一時間ほど後のようである。今朝出がけに、山田さんに会ったらよろしくいってくださいとおかみさんからの伝言がありましたという。

門前に立っている年配の男性に次のお寺への道を確認すると、途中まで行くからと言ってぼくの右側に並んで歩きだし、次から次へといろんなことを話す。どうも、ぼくが歩きだすのを待っていたようにも思える。すぐ国道十一号へ出たので騒音で聞き取りにくい上に、ぼくは幼児のころから右耳が難聴になり、なお聞き取りにくい。

曰く。遍路装束でお寺に居つき、縄張りを持って、万引き、置引きを繰り返す人のこと。八十八ヶ寺の宗派のこと。砂絵の話では砂の深さは一メートルほどで、春はある宗教団体が砂を浚《さら》える。その時は名物の讃岐うどんを振る舞う。秋は地元で浚える。その他、北大路欣也が主演した映画『空海』のことなど、次々つづく。万引きなどの話では、石手寺の入口に薄汚い白衣の中年の男が立っていたのを又思い出した。ぼくにいろいろなことを教えたくて待っていたように思われる。二キロメートルほど一緒に歩いて、買い物をするという大型ショッピングセンターの前で別れた。程なく国道から分かれる。

七十一番弥谷寺《いやだにじ》は弥谷山（三八二メートル）の南腹にある。参道にはうどんやところてんを売る俳句茶屋があるが茶屋というにはぴったりという感じ。天井から俳句を認《したた》めた短冊が無数に垂れさがっている。後から聞いたことだが、うどん好きなEさんはここで丁度昼になったのでうどんを食べ、ザックを預かっていただいたという。階段の連続であるから荷物はないほうがいい。本堂近くの岩壁には仏像が多く刻まれている。大師堂は靴を脱いでお参りをするが荘厳な感じがするところだ。

七十二番曼荼羅寺《まんだらじ》と七十三番出釈迦寺《しゅっしゃかじ》は六〇〇メートルの距離。七十三番を先に済ませて、七十二番へ打ち戻る遍路も多いそうだが、ぼくは順番どおり先に七十二番へ行く。

駐車場脇に「歩き遍路に限りうどんの接待」と貼り紙があったので覗いてみると、閉店中とある。その隣でお茶の接待を受ける。七十三番から一四〇〇メートルほど上に行くと、番外霊場捨身《しゃしん》ヶ《が》嶽禅定《だけぜんじょう》（参考）があるが割愛する。七十二番の前の門先屋旅館で、遍路道が二つに分かれるが、どちらの道でも先で一緒になるそうだ。

それから七十四番甲山寺《こうやまじ》を打ち終え、次の大師誕生の七十五番善通寺《ぜんつうじ》に着いたのは十七時だが、まだ多くの参拝者や観光客で賑わっており活気がある。大師の父親の名が善通《よしみち》だから、それが寺名になったのであろう。五重塔も目立つ。真ん中に道路を挟んで本堂と大師堂がある。今日の宿泊はここだ。距離的・時間的にうまく合えば宿坊を優先するのだがなかなかうまくはまらない。秋遍路では今日が初めてになる宿坊は、大師堂の北にある。受付で五八〇〇円を払う。部屋は八畳で一人ではもったいない広さだが、テレビはない。洗濯機、乾燥機は無料。浴場は旅館のように広く、久しぶりにゆっくり湯船につかる。

夕食では、広い食堂の向こう側に二〇人ほどの団体がいたが、ぼくたちのテーブルは遍路七人、観光中の車の夫婦と合わせて九人である。ぼくの前に中年の外国の女性が座った。日本語はほとんど話せないようだが英語で、彼女はオランダ人でセントレア（中部国際空港）へ降りたと話す。自転車で回っているというから、いつかコンニチワといって追い抜いていった方であろうと思う。あの時は顔の殆んどを覆っていたのでよく分からず男性かと思ったが、女性だ。思えば時々行き交っている。

一人は十二キログラムほどのザックを担いで時々野宿をしたという、ぼくより若い遍路。ここもEさんと一緒になった。

十九時にホールへテレビの天気予報を見に行く。チリ鉱山事故での救出の場面を放送しており、現時点で地下七〇〇メートルに残された三三名中八名を救出している。これは世界中が注目している事故で、救出が始まったことに感動する。

天気は台風一三号が発生し、明日の気温は一八度から二五度で平年より暖かいと予報。

この寺には高浜家三代の句碑がある。

（参考）捨身ヶ嶽禅定

大師が真魚《まお》といった七歳のころにこの山に登り、人々の救済を願って「もし願いが叶わなければ釈迦如来よ現れ給え、叶わぬなら命を捧げます」と言って谷に身を投げた。すると紫雲の中より釈迦如来が現れ、天女が真魚を受けとめた。

出釈迦寺の奥の院となっている。

十四日目　十月十四日

朝の勤行が六時から始まった。四〇分で終わる予定であったが、話が弾んで二〇分もオーバーした。その後の戒壇めぐりは反響でよく話が聞き取れない。そのまま食堂で朝食を済ませ、すぐ出発。七十六番金倉寺《こんぞうじ》までは四キロメートルほど。土讃線の善通寺駅を抜けて田んぼの中を歩き、高松自動車道の善通寺インターチェンジの下をくぐるとすぐであった。七十七番道隆寺《どうりゅうじ》へも四キロメートルほど。田園風景が広がる。十時過ぎ「丸亀城乾第十八号遍路休憩所」で十分ほど休む。出発するとすぐ右手に丸亀城を見るが、ここからの眺めではさほど大きな城ではないように思われる。左手をJR土讃線が走っている。

瀬戸大橋が正面に位置する七十八番郷照寺《ごうしょうじ》へは十一時に着いた。庭園があり、地下にはここも万体供養がある。

七十八番を終えると、七十九番高照院という名前が時々出てくる。高照院天皇寺（参考）なのだが、何故か天皇寺という寺名は出てこない。他の寺は寺名で案内があるが、ここだけは何故かと思う。丁度昼ごろ、うどん店があったので、讃岐うどんをいただく。客席の横に俳句の色紙が十枚ほど並べてあるが、これは主人が俳句をやっていて、その作品だという。

その後、遍路マークのままに行くと、白峰宮《しろみねぐう》で行き止まりになった。民家のあるところまで戻って聞くとお宮を横切って行くようにとのこと。白峰宮の片隅で絵を描いている若者がおり、確認する。お宮に隣り合わせて高照院天皇寺はあったが、分かりにくい。高照院を出ると、道はすぐに二つに分かれる。一つは次の八十番国分寺、もう一つは八十一番白峯寺《しろみねじ》に通じる。もちろんぼくは予讃線沿いの八十番を目指す。この辺りは盆栽の里のようだ。格好の良い松などの鉢が幾つも並べてある。

地図を見ると、予讃線は高照院天皇寺近くの八十場《やそば》駅、国分寺近くの国分《こくぶ》駅、さらには八十二番根香寺《ねごろじ》に通じる鬼無《きなし》駅まで半円を描いている。だからJRを利用する遍路なら八十番、八十一番、八十二番はどのような組み合わせもできる。

鴨川駅付近で県道を左折してから綾川《あやがわ》を渡るマークを見落とした。次の橋を通り越してから気づいたがそのまま左岸を行く。遍路道は右岸である。県道は予讃線に沿っているので大回りになるが、国分駅付近で一緒になる。一キロメートルほど余分に歩いたことになろうか。

四県に一つずつある最後の阿波の国分寺は、美しい松の参道の奥に本堂、大師堂がある。十五時に着いた。大師堂と納経所は同じ建物の中。万体供養があり、縁結び、夫婦円満のお寺だという。丁度バスの団体と同じになり、一緒に心経を和す。遍路も終わりに近づき心経の節回しも多少良くなっていようか。

今日は他の遍路と出会わず一人旅であった。予約したえびすや旅館までは二〇〇メートルほどの距離。夕食は遅く来た栃木の人と二人。彼は予約した旅館に乾燥機がないので、こちらに来た。六年前から区切り打ちをしており、今回も最後まで行くかどうか分からないという。娘は名古屋に嫁いでいるそうだ。その町は、ぼくの自宅から地下鉄で二〇分ほどのところにある。

この宿は五年前にいたずら電話が続き、やむなく電話番号を変えたので、電話帳に一時載せていなかった。へんろみち保存協力会の案内書は毎年切り替わるわけではないし、何回も回る遍路はその都度本を買い替えるわけではないので、一度に客が減った。善通寺や民宿岡田さんの付近に新番号の立て札を立ててＰＲしたりしたという。ぼくもサラリーマン時代に、いたずら電話により電話番号を変えた経験がある。それにしてもこの秋、今日もそうだが、お客さんはかなり少ない。不景気のせいなんでしょうかとおかみさん。ついでに岡田さんの話だが、奥さんが亡くなられた後、再婚した奥さんが宿を手伝っているという。ああ、あの爽やかな気の利いた方かと思う。いいお嫁さんだ。続けておかみさんが言う。二年前、オランダ人の夫婦が二組泊まったことがある。日本語が全く分からなかったが、身振り手振りで意思疎通ができるものですねとおっしゃる。Eさんも昨年、オランダ人女性に会ったといっていた。ぼくも時々会う、あのオランダ人女性の話をする。それにしても今回もそうだが、四国霊場を巡拝するオランダ人は多いのだろうか。

秋暑し道を違《たが》へて国分寺
名水を掬《きく》して行きぬ秋へんろ

（参考）保元《ほうげん》の乱で讃岐へ流された崇徳《すとく》上皇は九年後、崩御された。朝廷からの宣旨が届くまでの十四日間安置された寺。

十五日目　十月十五日

六時、朝食。栃木の遍路が、今日は山に入るのでおにぎりを頼もうかとぼくに言う。弁当は作らない民宿があるので、ぼくは道中、翌日分の食料を買い求めることにしている。

八十一番白峯寺は白峯の中腹で標高二八〇メートル、青峯にある八十二番根香寺は標高三六五メートル。彼が食事中の六時二〇分に出発。三〇分ほどで山地に入ると、五色台への登りになる。この辺りは赤、白、青、黄、黒と五つの峰があり、五色台と言われている。急な斜面をゆっくり登っていくと上から、

「おはようございます」という挨拶が下りてきた。見晴らしがよいところで、初老と思われる男性が向日葵の種を掌に載せて、山雀《やまがら》についばませている。ウオーキングの途中だという。ぼくにも種をくれたので同じようにすると、やはり恐れもなく山雀が寄ってきてついばむ。肩にもつかまったりして愛嬌がある。今が繁殖期だそうだ。彼はこの辺りで八八歳という遍路に二度会ったことがある。また、足の悪い人も倍以上の時間をかけて登ってきたこともあるが、この方は家族の反対を押し切って来たと言っていたという。今年は全国的に熊の被害が多いが、ここは猪の被害が多いと付け加えた。

そんな話をして十分ほどで別れた。登りきって車道に出ると、Eさんが登ってきた。ぼくたちの話し声が聞こえていたという。JRで移動してビジネス旅館へ泊まって、またJRで戻ってきたそうだ。例の自転車のオランダ人女性とも一緒になったが、彼女とは残念ながら意思疎通ができないから会釈するのみ。

二時間余りで八十一番白峯寺へ着いた。その後、例の携帯電話も遍路杖を持たないFさんが来た。この方もJRで移動して宿泊してきたという。国分寺へ参拝したのが七時前のため、大師堂も納経所も戸締り中で、本堂だけ参拝してきた。ぼくと同じで、朱印は別になくてもよいという。

八十二番根香寺までは山中を五キロメートルほど。根香寺に着くと、中年女性の二人歩きが八十三番への道をぼくに聞いてきたが、ぼくは知る由もない。二人は納経所で尋ねて、ぼくに親切に教えてくれた。八十二番から八十三番へは二通りあり、少し戻って五色台のみかん園から下る道と番外の香西寺《こうざいじ》を経由する道があるという。二人は番外寺経由で行く。ぼくが参拝を終わって山門まで来ると、Eさんが来た。途中泥に足をとられて滑ったのでズボンをはき替えてきたとか。ぼくは泥があるような場所を思い出せないが、どこであろう。Eさんとは九日の横峰寺以来時々顔を合わせてきたが、これが最後になる。

五色台へ戻る途中、道を間違えた。今来たばかりの道なのにすっかり記憶が遠のいている。五色台の手前で、今度はFさんに会う。標識の案内を読みながらゆっくり来たと言うが、今日はどこまでいくのであろうか。今までの経過を見ても、ぼくたちのペースはほぼ同じだ。五色台からは、五年前に設置した道標を見落とさないように進む。山を一気に下る途中、犬にしつこく吠え立てられた。ぼくは犬が好きではない。深田百名山の長野県の四阿山《あずまやさん》を下山後、間違えて牧場の入口へ向かった途端、二匹の大型犬に吠え立てられ、あわや一命をと思うほどの恐怖に陥った経験がある。

ＪＲ鬼無《きなし》駅を横切ると、番外の香西寺からの道と交わる。正午を過ぎても食事をする場所が見つからなかったが、三〇分ほど歩くと「飯田お遍路休憩所」があった。五年前の新築で新しい。お茶も菓子も置いてある。食事をしながらゆっくり休む。感謝の気持ちを置いてあるメモ帳に記す。十四時過ぎに八十三番一宮寺《いちのみやじ》へ着くと例のオランダの女性がイヤホンを耳にあててじっと聞きいっていたが、わずかに顔を上げ会釈する。お寺の説明を聞いているのであろう。ここは一宮駅に近いせいか、寺内は団体でごった返している。

八十四番屋島寺《やしまじ》への道が分からず、朱印所で聞く。ぼくは朱印をしないので聞きづらい面もあるが、聞く人が見つからなければ止むをえない。高松自動車道をくぐり、栗林《りつりん》公園の脇まで来て、また道に迷った。ビルが立ち並び、道も広い。いつもながら、こんなところは迷いやすいのだ。公園の管理人に聞き、高松琴平電鉄琴平線を横切って、ＪＲ高徳線をくぐり、予約したビジネスホテルへ着いたのは十六時。少し休んでから明日の歩き始めの道の確認に出るが、繁華街のど真ん中のため少し手間取った。帰りに夕食のうどんを食べる。Eさんではないが、ぼくもうどんにこだわるようになった。

夜、妻より電話があった。朱印帳に朱印をしていないので、最後の大窪寺で白衣に朱印をしてきたらどうかという。知人から聞いたという。ありがとう。

秋蝶は黄色の多し札所寺

十六日目　十月十六日

遍路も終わりに近づいている。六時出発。今日は標高二八四メートルの八十四番屋島寺から八十七番長尾《ながおじ》寺まで。そう高くはないものの、また山登りになる。国道一一号へ出て真っ直ぐ東へ歩く。後からウオーキングの男性が近づいてきて、

「あの山まで行くんですね」と言い、

「私もよく登ります。今日は土曜日だから沢山の人が登るでしょう。次の道でもいいですが向こうの信号を左折して真っ直ぐ行ってください」と言って横道へそれていく。県道一四号に入り、琴電の軌道を越すと徐々に登りになっていく。ウオーキングの人と何度も出

会う。小休止を取りながらゆっくり舗装道路を登ると、二時間余りで壇ノ浦と共に源平合戦の舞台となった屋島《やしま》へ着いた。屋島というが陸続きで島ではない。その昔は島だったのであろうか。寺は山頂にあるものの眺望が利かない。時間が早いせいか、まだ観光客も参拝者もちらほら。地元の女性に八十五番への下り口を聞くと、私もその方向へ行くからといって、東の下り口まで送っていただく。ぼくが尋ねる人はみんな親切だ。この辺りは展望がよい。前方に見える山を指差して、あの山頂のすぐ下が八栗寺《やくりじ》だという。一旦下りて登り返さなければならない。かなりの急斜面を一気に下りて、山頂に続いている屋島ドライブウェイを横切り、さらに下る。県道一五〇号を南にとり、高橋という橋を渡って、真念の墓がある洲崎寺《すさきじ》に立ち寄る。

その後、長身の中年遍路が追い越していく。八栗寺へのケーブル乗り場にその遍路が休んでいたので、横に座って話しかけると大阪の人で、九月三日から歩きだし、ずっと野宿で来たという。困るのは雨。濡れたものを乾かさなければならない。コインランドリーも使う。晴れていれば、水のあるところを探して体を拭く。今日は行けるところまで行くが、多分八十八番までは無理だろうなどという。

八栗寺は五剣山（三七五メートル）の南腹にある。本堂の後ろには五つの岸壁がそそり立つ。もっとも一峰は過去の地震で途中まで崩れているが。

参拝を終えて県道一四五号を下り国道十一号に出ると、琴平電鉄志度線八栗新道《やくりしんみち》駅。これを左折。左には志度湾が広がる。途中、今日も昼食はうどんにする。

しばらく歩いて国道を離れ、志度線に沿って行くと、ここにも山頭火の句碑がある。平賀源内（参考）の旧宅も近くにあり、前の通りは源内通りとなっている。

八十六番志度《しど》寺には十三時ごろに着いた。お母さんと小学生ほどの子供が二人いて、ぼくが前を通ると子供が、お接待ですといって菓子と折り鶴を渡してくれた。ありがとう。お母さんが、

「お遍路の皆さんに差し上げています」という。納札を渡すと、大事にしますとお母さん。ぼくが参拝を終えると、バスを降りた遍路の一団が山門をくぐってきたので、子供たちは忙しそうにお接待をする。

志度寺の隣に自性院があり、ここに平賀源内の墓がある。次の八十七番長尾寺までは七キロメートル。

歩いていれば汗ばむが昨日ほどではない。徐々に秋深むという感じか。田園風景の中を長尾寺に着いたのは丁度十五時。車遍路が三、四人いるばかりで、広い境内は閑散として

いる。本堂の脇には静御前《しずかごぜん》の剃髪塚がある。今日の宿は長尾寺の門前にある結願の宿ながお路。六年前にリニューアルしたばかりで新しい。部屋は六畳の広さだが、四畳半に畳を入れ、あとは板敷きにしてあるから、雨の日は濡れたものを吊るすのによい。遍路はぼく一人。他に会社関係の人が三人ばかり数日前から泊まっているという。

明日は八十八番を打ち終えて名古屋へ帰る日だ。帰りの乗り物の時間まで調べていないが、志度にはＪＲ高徳線も琴平電鉄の志度線もあるので、八十八番を打ち終わった後はその辺りで泊まって、翌朝名古屋へ帰ろうなどと漠然と考えていた。乗り物の時間を聞くと、息子さんが名古屋までの時間を調べてくれた。それによると、琴電長尾駅行きのコミュニティバスが大窪寺を午後一時半に出るので、それに乗れば名古屋に十七時五一分に着くという。琴電長尾駅はこの民宿のすぐ近くだ。台風の季節でもあるから一日か二日遅れるかもしれないといっておいた妻に、明日帰る旨連絡する。

（参考）平賀源内（一七二八～一七七九）讃岐高松の人、本草学、蘭学などを研究。寒暖計やエレキテル（摩擦起電機）などを発明。多才。

十七日目　十月十七日

いよいよ最後の日になった。六時半朝食。七時出発。晴れている。爽やかだ。大窪寺へは標高七七四メートルの女体山の山越えのコースと、その山の裾を巻いていく道がある。ぼくはこれが最後だから、多少時間が余分にかかっても山越えの道を行くことにしている。宿を出てしばらくすると、道の反対側を若い男性遍路が抜いていく。信号に足止めされたので聞いてみると岡山の二八歳という。ぼくは十三時半のバスに間に合えばよいのでゆっくり行くが、二八歳は若いだけに速い。五キロメートルほど先の「前山おへんろ交流サロン」に着いた時、バスが一台出発。その後を二八歳が出発するところであった。彼に山道を行くかと聞けば、下を行きますという。「交流サロン」で住所と名前を書くと、係の方が突然名古屋なら伊藤萬蔵さんを知らないかと聞く。ぼくの家の近くに伊藤姓は多いが、萬蔵さんは知らない。どんな人かと聞くと、分厚い三冊の本を持ってきて、この方は昭和の初めに亡くなったが、寺関係の備品などを全国の寺へ寄贈され、遍路道にも道標などを建てたという。ゆっくり読みたいところだが、時間がない。頁を繰っていくと、自宅近辺の寺にも寄贈があった。

菓子とお茶の接待を受け、「四国八十八ヶ所遍路大使任命書」という大層なものと八十八ヶ寺のＤＶＤをいただく。出がけに女体山コースの道を聞くと、女体山越えは新コースで間違え易いから、昔からの道を行くようにと言われる。それならばと旧遍路道をたどることにするが、なかなか遍路マークが出てこなくて不安になる。入口には確かに遍路道とあったし、分岐道もなかったから間違いないと考え、只管歩く。聞く人もいない山中で、時たま車が通るのみ。やがて右手にマークを見つけた。

九時二〇分ごろに遍路休憩所を通過。もう心配することもないので、次の休憩所でゆっくり休む。

十一時十分、豪勢な仁王門が目に入った。八十八番大窪寺《おおくぼじ》である。標高七八八メートルの矢筈山《やはずやま》の中腹になる。

ついに来た。春から三〇〇里を歩きつないで、ついに来たのだ。

多くの参拝者でごった返している。今日は最後だから、一通りの参拝の所作をしようと考えていた。山門で一礼、鐘をつき、本堂と大師堂で念入りに般若心経を唱える。もう使わないかなりすり減った遍路杖を奉納する。そして俳句結社主宰より預かったお布施を奉納。次に妻から連絡があった通り、脱いだ白衣に朱印をいただく。

もうというか、ようやくというか、終わったのだ。とにかく終わった。春と秋で三〇〇

第八十八番 大窪寺

里、一二〇〇キロメートルの歩き遍路を終えたのである。

十三時半のバスが来るまでに丁度一時間ある。着替えをして弁当を食べる。あの八栗寺のケーブルの乗り場で出会った野宿の遍路が上半身裸で菓子を食べている。

バス停へ行くと二八歳がいた。彼は基本的には一国打ち、今回は香川県のみで、今年四回目になる。名古屋のうどん好きな人と二日間一緒だったという。ああ、あのEさんだ。彼は昨夜、志度に泊まったそうだ。そしてEさんは、八十八番が終われば一番の霊山寺に戻り、更に高野山に参拝して帰宅するといっていたとか。二八歳も当初は一番へ戻るつもりでいたが、戻る理由は何もないと考え、これから徳島の友達を訪ねる予定という。

これで終わった。

宿や地元の人からの数えきれないお接待、それは物であったり、金銭であったり、行為であったりした。そして、ぼくが会ったすべての人たちの親切を忘れない。

結願の朝《あした》さはやか鳥渡る

あとがき

これは出会いと別れを繰り返して、八十八ヶ寺を巡拝した平成二二年（二〇一〇年）の記録である。

令和二年（二〇二〇年）一月三〇日、世界保健機関（ＷＨＯ）のテドロス事務局長が新型コロナウイルスの感染症に対して緊急事態宣言を発してより、世界は一変した。その後、新型コロナウイルスの波が押し寄せるたびに長い籠城生活を強いられることになったが、その徒然《つれづれ》に思い立って、この紀行文を記すことにしたのである。

幸い遍路の一人旅は宿に着いてから十分な時間があり、事細かに記録できていたため、それが役立ったと言える。

序でながら

「はじめに」の東海道、奥の細道については、四国遍路を終えた後、東海道は京都三条大橋から滋賀県・三重県を通り愛知県を越えて静岡県の最初の宿場（白須賀《しらすか》宿）まで、また、奥の細道は福島県の白河の関で終わっている。

参考文献

『四国遍路ひとり歩き同行二人　地図編』宮崎建樹、へんろみち保存協力会編
『四国遍路ひとり歩き同行二人　解説編』宮崎建樹、へんろみち保存協力会編
『旅の森19　四国八十八ヶ所巡り』丸川賀世子、昭文社
『四国八十八ヶ所霊場　遍路のｍｉｎｉ知識』古田重臣、英公社
『定本　現代俳句』山本健吉、角川書店

著者プロフィール

山田 和夫（やまだ かずお）

昭和14年生まれ。

愛知県出身、在住。

俳人協会会員、駒ヶ岳ファンクラブ会員。

著書に『思い出の山旅』（牧歌舎　平成21年４月１日発行）、『句集　等高線』（東京四季出版　平成23年４月１日発行）、『句集　三角点』（文學の森　平成29年６月24日発行）がある。

歩きつないで三〇〇里　歩き遍路のひとりごと

2023年１月15日　初版第１刷発行

著　者　山田 和夫
発行者　瓜谷 綱延
発行所　株式会社文芸社
〒160-0022　東京都新宿区新宿1－10－1
電話　03-5369-3060（代表）
03-5369-2299（販売）

印刷所　図書印刷株式会社

ISBN978-4-286-27065-4